Grundschultricks

Spielerisch lernen mit deinem Kind

Annabel Herget

Storchenweg 3, 35764 Sinn

KDP-ISBN: 9798586951090

Herstellung: Amazon Distribution GmbH, Leipzig

Annabel Herget

Annabel kennt die Herausforderungen aber auch den großen Spaß, der mit einem Kind im Grundschulalter einhergeht. Als Lehrerin an einer Förderschule und Kunstpädagogin hat sie sich langjährig mit Lernmethoden und -techniken für Kinder befasst und entwickelt neben Unterrichtsangeboten regelmäßig Lernspiele und differerenzierte Materialien. Annabel Herget ist überzeugt davon, dass das Lernen Spaß machen muss, um langfristig erfolgreich zu sein.

VORWORT

Liebe Mama, lieber Papa,

Du wünschst Deinem Kind Erfolg in der Grundschule? Gut! Du wünschst Deinem Kind Erfolg UND Spaß in der Grundschule? Dann hast du das richtige Buch in Deinen Händen!

Für die Lernmotivation muss beides passen: Lernerfolge, und wenn sie noch so klein sind, müssen sich einstellen und das Lernen an sich muss Spaß machen. Natürlich nicht immer. Es gibt Fächer, die grundsätzlich mehr und welche, die weniger Spaß machen. Das kommt ganz auf die Stärken und Interessen Deines Kindes an. Und Nein, es ist für die weitere Schullaufbahn nicht entscheidend, dass alle Fächer gleich gut abgeschlossen werden. Entscheidend ist, dass Dein Kind gerne lernt, sodass in wichtigen Situationen die Motivation da ist, auch mal mehr zu machen und Gelerntes abrufbar ist, also Leistung erbracht werden kann.

Eine positive Lernumgebung und kreative Lernspiele in Kombination mit Lerntechniken, die Dein Kind nach und nach beherrschen sollte, ebnen den Weg zu einem Lernen, das in schwierigen Situationen immer noch Spaß macht und keinen Stress bereitet. Unterstütze Dein Kind gerade in den ersten Schuljahren und das ganz ohne Stress und Zwang. So bietest Du Deinem Kind eine entspannte Schullaufbahn. Was gibt es Besseres?

Viel Spaß beim Lesen und Lernen wünscht Dir ganz herzlich,

Annabel

INHALTSVERZEICHNIS

DIE 4 LERNTYPEN 9

Test: Welcher Lerntyp ist mein Kind? 11

Der visuelle Lerntyp 14

Der kommunikative Lerntyp 16

Der auditive Lerntyp 18

Der motorische Lerntyp 20

DIE LERNMOTIVATION 23

Die Innere und die äußere Motivation 25

Wie stärke ich die Selbstmotivation? 27

Test: Die Stärken meines Kindes 33

DIE BELOHNUNGEN 47

Ist es sinnvoll Kinder zu belohnen? 47

Wie motivieren Belohnungen? 48

SCHULSTRESS VERMEIDEN 55

Arten von Stress 56

Symptome für Stress 58

Stress bei deinem Kind reduzieren 59

DIE LERNTECHNIKEN 65

1. Arbeiten mit Karteikarten und Bildkarten 67

2. Lerngruppen-Lernen mit Freunden 70

3. Elektronische Medien 74

4. Mind-Mapping 76

5. Spielerisches Lernen und Experimente 78

Rahmenbedingungen für alle Lerntechniken 79

GESTALTE EINE POSITIVE LERNUMGEBUNG 81

1. Die Schulmaterialien (Mit Checklisten) 82

2. Der Lernplatz zu Hause 88

TRICKS UND LERNSPIELE: MATHE 93

1. Tricks zu Plus- und Minusrechnen 95

2. Tricks zu Malrechnen und Teilen 100

3. Geometrie 105

4. Umgang mit Geld 106

5. Zahlenverständnis 108

TRICKS UND LERNSPIELE: DEUTSCH 109

1. Lesen und Sprechen 110

2. Schreiben 111

3. Gedichte und Referate 114

4. Rechtschreibung 116

Die wichtigsten Rechtschreibregeln 118

LEHRPLÄNE KLASSE 1 – 4 125

Lernstoff Klasse 1: Deutsch / Mathe 127

Lernstoff Klasse 2: Deutsch / Mathe 130

Lernstoff Klasse 3: Deutsch / Mathe 134

Lernstoff Klasse 4: Deutsch / Mathe 138

DIE 4 LERNTYPEN

Wenn Du herausfindest, welchem Lerntyp Dein Kind entspricht und Du Dein Kind dementsprechend unterstützt, lernt es leichter und schneller.

Bei jedem Menschen sind die Sinnesorgane unterschiedlich stark ausgeprägt, daraus abgeleitet entstanden diese 4 Lerntypen:

Der Visuelle Lerntyp:

Lernen durch Sehen

Der auditive Lerntyp:

Lernen durch Hören

Der kommunikative Lerntyp:

Lernen durch Gespräche

Der motorische Lerntyp:

Lernen durch Ausprobieren

Jeder dieser Lerntypen braucht bestimmte Rahmenbedingungen, um die Lerninhalte besser aufzunehmen. Es ist nicht immer möglich, diese zu gewährleisten. Im Schulunterricht werden die Inhalte nicht immer für alle vier Lerntypen separat aufbereitet.

Zu wissen, welchem Lerntyp Dein Kind entspricht, lohnt sich spätestens dann, wenn es Themen gibt, die Deinem Kind schwerfallen. Vielleicht macht es für Dein Kind bei einfachen Themen erst mal keinen großen Unterschied, aber um langfristig den Lernerfolg zu sichern und den Spaß zu erhalten, ist es trotzdem gut, immer wieder den vorrangigen Sinn zu stimulieren. Oder andersherum: nicht zu unterdrücken. Das passiert oft unbewusst. Schlicht und einfach, weil Du wahrscheinlich dazu tendierst, Deinem Kind das Lernen so beizubringen, wie es Dir am leichtesten fällt. Am besten findest Du heraus, welchem Lerntyp Dein Kind entspricht, indem Du den Lerntypentest mit ihm machst. Das Ergebnis des Lerntypentests gibt Dir eine Indikation, die Dir sagt, auf welche Reize Dein Kind am ehesten empfänglich ist.

Bei allen Themen und Fächern gibt es Möglichkeiten, auf die unterschiedlichen Lern-typen einzugehen. Tipps dazu gebe ich im Anschluss des Testes.

Den Test zu den Lerntypen kannst Du auch bequem ausdrucken. Den Download-Link findest Du am Ende des Buches.

Durch die Stimulation aller Sinne werden Inhalte am nachhaltigsten eingeprägt.

Durch einfaches Hören werden im Durchschnitt 20 % der Inhalte verstanden. Durch Hören, Sehen, Besprechen und manueller Übung sind es 90 %.

Test: Welcher Lerntyp ist mein Kind?

Wichtig: Kreuze nur die Fragen mit „Ja“ an, bei denen Deine Antwort eindeutig „Ja“ ist und sich Dein Kind abhebt.

Hier ist ein Beispiel: Zur Frage “Bewegt sich Dein Kind viel beim Lernen?”: „Ja“ ist dann die richtige Antwort, wenn Dein Kind fast nie ruhig ist und seinen Oberkörper, Beine, Arme und/oder Hände oft in Bewegung hat. Es zählt nicht, wenn Dein Kind sich nach einer konzentrierten Lerneinheit langweilt und dann einfach unruhig wird.

1. Sind die Augen Deines Kindes unruhig und schweifen ab, wenn es sich konzentriert?
   O Ja O Nein

2. Bewegt Dein Kind während des konzentrierten Lernens viel seinen Körper, z. B. indem es mit dem Stuhl schaukelt?
   O Ja O Nein

3. Sind in den Heften/Notizzetteln vermehrt Zeichnungen o. Ä. zu finden?
   O Ja O Nein

4. Lässt sich Dein Kind durch Geräusche schnell ablenken?
   O Ja O Nein

5. Diskutiert Dein Kind Themen immer mit Dir aus, statt die Lösung einfach hinzunehmen?
   O Ja O Nein

6. Kann sich Dein Kind Bilder/Filme/Personen gut merken und später wieder in allen Farben beschreiben?
   O Ja O Nein

7. Ist Dein Kind beim Vorlesen körperlich sehr ruhig?
   O Ja   O Nein

8. Stellt Dein Kind beim Vorlesen Zwischenfragen?
   O Ja   O Nein

9. Sortiert Dein Kind Gegenstände gern nach Farben?
   O Ja   O Nein

10. Hört Dein Kind gern und konzentriert Musik?
    O Ja   O Nein

11. Schließt Dein Kind auch mal die Augen beim Musik hören/ Vorlesen?
    O Ja   O Nein

12. Spielt Dein Kind während des Lernens viel mit seinen Händen und/oder dem Lernmaterial?
    O Ja   O Nein

13. Möchte Dein Kind gern, dass Du während des Lernens in seiner Nähe bist, um Zwischenfragen zu beantworten?
    O Ja   O Nein

14. Unterbricht Dein Kind oft das Lernen, um etwas auszuprobieren oder eine Lernhilfe zur Hand zu nehmen?
    O Ja   O Nein

15. Kann sich Dein Kind besser an Dinge erinnern, die es selbst hergestellt hat?
    O Ja   O Nein

16. Spielt Dein Kind gern Rollenspiele, Theater o. Ä.?
    O Ja   O Nein

Test: Ergebnis Lerntypentest

Kreuze die Kästchen an, bei denen Du mit Ja geantwortet hast. Zähle alle Ja-Stimmen in einer Fragegruppe zusammen. Das Ergebnis indiziert den Lerntyp Deines Kindes.

Visueller Lerntyp:

O Frage 1 O Frage 3 O Frage 6 O Frage 9

Ergebnis: 3

Motorischer Lerntyp:

O Frage 2 O Frage 12 O Frage 14 O Frage 15

Ergebnis: 4

Audititver Lerntyp:

O Frage 4 O Frage 7 O Frage 10 O Frage 11

Ergebnis: 1

Kommunikativer Lerntyp:

O Frage 5 O Frage 8 O Frage 13 O Frage 16

Ergebnis: 3

Der visuelle Lerntyp

Der visuelle Lerntyp lernt durch das Sehen der Dinge. Visualisieren von Sachverhalten ist hier Trumpf.

Was ist wichtig?

Für den visuellen Lerntyp ist es sehr wichtig, alle Inhalte selbst durchzulesen und zu den Inhalten Grafiken oder Bilder zur Veranschaulichung bereit zu haben. Lass Dein Kind so viel wie möglich selber schreiben oder zeichnen. Versuche Deinem Kind, Inhalte immer schriftlich/bildlich zu vermitteln.

Zeige Handlungsabläufe. Kurze, einfache Videos sind dabei auch sehr effektiv. Es ist wichtig, visuelle Ruhe in der Lernumgebung zu haben, also keine Unordnung. Nur so kann sich Dein Kind genug auf die wichtigen Lerninhalte konzentrieren, z. B. die Bilder im Übungsbuch. Der visuelle Lerntyp lässt sich leider stark von Dingen in der Umgebung ablenken.

Lernhilfen:

Bilder, Illustrationen, Buntstift/Marker, Lernkarten, Bücher, Videos, Lern-Apps

LERNTRICK 01 | EIN VISUELL RUHIGER LERNPLATZ

Stelle sicher, dass Dein Kind eine aufgeräumte Lernumgebung hat. Eine weiße (Pinn-) Wand mit visuell aufbereiteten, aktuellen Lerninhalten ist optimal am Lernplatz. Ein Blick direkt in die Natur ist auch sehr beruhigend für das Auge.

LERNTRICK 02 | STIFTE UND PAPIER BEREITSTELLEN

Dein Kind sollte die Gelegenheit haben, sich Notizen und schnelle Zeichnungen zu machen. Verschiedene Arten von Buntstiften motivieren dazu. Auch an Blättern und Notizzetteln sollte man nicht sparen.

LERNTRICK 03 | ÜBUNGSHEFTE CHECKEN

Schaue regelmäßig, ob die Lernbücher und Arbeitsblätter visuell ansprechend sind, d. h. mit hochwertigen Zeichnungen oder Grafiken. Die Grafiken sollten auf weißem Hintergrund sein, ohne viel Rahmenverzierungen und „Deko". Checke auch die Lern-Apps und Lernspiele. Hier ist weniger wirklich mehr.

LERNTRICK 04 | PAUSEN IM „GRÜNEN"

Wenn Dein Kind unkonzentriert wird und eine Pause braucht, ist es am besten, wenn Du es die Pause in einer visuell ruhigen Gegend machen lässt, also lieber in der Natur als beim Comic lesen. So können sich die Gedanken besser ordnen.

Der kommunikative Lerntyp

Dein Kind möchte immer wieder mit Dir über die unterschiedlichen Lernthemen sprechen und diskutiert Inhalte mit Dir durch, um sie zu verstehen.

Es fühlt sich leider oft so an, als ob Dein Kind Dir nicht zuhört und alle (für ihn richtigen) Lösungen sagt und Deine Erklärungen nicht akzeptiert.

Das ist oft sehr anstrengend und teilweise auch ärgerlich. Aber tatsächlich fordert Dein Kind dadurch die Diskussion. Es lernt weniger durch das Zuhören, sondern durch das Diskutieren. Das musst Du Dir als Eltern immer wieder bewusst machen und als Gesprächspartner zur Verfügung stehen.

Was ist wichtig?

Dein Kind lernt am besten, wenn Du ihm die Möglichkeit gibst, so viel wie möglich über den Lernstoff zu sprechen. Diskutiere Inhalte gemeinsam mit ihm aus. Rege Dein Kind immer wieder zum Nachdenken an und bespreche Themen aus unterschiedlichen Perspektiven. Stelle Fragen und lasse viele Fragen zu.

Lernhilfen:

Diskussionen, Gespräche, Frage-Antwort-Spiele

LERNTRICK 05 | MITHILFE SUCHEN

Weihe Freunde und Verwandte ein und gebe diesen immer wieder aktuelle Lernthemen zum durchdiskutieren. So sparst Du Zeit. Deine Freunde und Verwandte haben meistens auch einen anderen Blickwinkel als Du. Ein anderer Ansatz hilft dem kommunikativen Lerntyp auch sehr.

LERNTRICK 06 | DISKUSSION STARTEN

Bei Themen, bei denen Dein Kind Hilfe braucht, kannst du gerne eine Diskussionen starten, indem Du zu dem Thema Behauptungen aufstellst. Die meisten Kinder, die zum kommunikativen Lerntyp gehören, diskutieren sofort mit und lernen somit die Fakten zu dem Thema. Am besten geht es mit: „Ich habe in der Zeitung gelesen, dass ... ich glaube das einfach nicht."

Der auditive Lerntyp

Wenn Dein Kind beim konzentrierten Zuhören am besten lernt, gehört es zu diesem Typ. Dein Kind hat das Bedürfnis, Texte laut vorzulesen. Es lernt durch Selbstgespräche. Reimen hilft Deinem Kind auch, Inhalte aufzunehmen

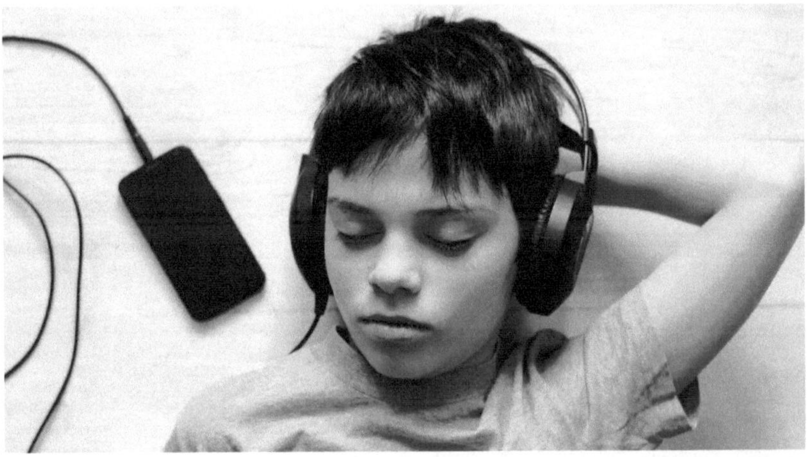

Was ist wichtig?

Stelle eine ruhige Lernumgebung sicher. Jedes Nebengeräusch lenkt ab. Wenn Du Zeit hast, lies Aufgaben und Lösungen vor. Ermögliche Deinem Kind, Lernstoff via Audio-CD zu verinnerlichen. Nutze Lernlieder z. B. beim Üben der Uhrzeit. Büchereien haben oft eine große Auswahl an CDs. Animiere Dein Kind, die Texte selbst laut vorzulesen und zu wiederholen.

Lernhilfen:

Texte vorlesen, CDs, Reime bilden, Vorträge, Musik, ruhige Lernumgebung

LERNTRICK 07 | TÜR ZU!

Gib Deinem Kind die Möglichkeit, bei geschlossener Türe zu lernen. Wenn es kein eigenes Zimmer hat, vielleicht in Deinem Schlafzimmer oder im Garten? Ansonsten helfen Kopfhörer. Es gibt Kopfhörer, die die Umgebungsgeräusche ausschließen. Eventuell hilft auch leise monotone Musik. Das musst Du zusammen mit Deinem Kind ausprobieren.

LERNTRICK 08 | DIKTIER-APPS NUTZEN

Lass Dein Kind Texte auf eine Diktier-App im Smartphone (oder am Computer) selber einsprechen und danach wieder anhören. Hilft doppelt: beim Sprechen und beim Zuhören danach.

LERNTRICK 09 | DIKTIER-APPS NUTZEN

Leihe gemeinsam mit Deinem Kind Lern-CDs aus der Bücherei aus. Es gibt normalerweise eine gute Auswahl für Mathe und Deutsch, aber vor allem für alle Sachkunde-Themen. Das Zuhören allein hilft schon, die Themen besser zu verstehen. Eine zusätzliche Hilfe sind dann noch Musikstücke und Reime. Diese prägen sich besonders gut ein.

Der motorische Lerntyp

Der Macher! Der motorische Lerntyp experimentiert gerne. Alles muss ausprobiert werden.

Er liebt es, Dinge in die Hand zu nehmen und selbst zu testen. So steigert sich das Verständnis bei ihm schneller. Außerdem bewegt er sich gerne und viel beim Lernen.

Was ist wichtig?

Stell Deinem Kind zu allen Themen so viele Materialien wie möglich bereit. Dinge wie Messbänder, Zahlenwürfel, Holzbuchstaben, Steine etc. sollten zum Grundrepertoire gehören. Lasse viel Bewegung beim Lernen zu. Gib Deinem Kind Möglichkeiten, Sachverhalte nachzubauen und auszutesten.

Lernhilfen:

(Natur)-Materialien, Experimente, Bewegung

LERNTRICK 10 | AUFGABEN ZU LERNTHEMEN

Gib Deinem Kind passend zu den Lernthemen Aufgaben, wie zum Beispiel Socken zusammenstecken zu den 2er-Reihen, das Abwiegen beim Backen, nach Einkaufszettel Waren zusammensuchen, Gummibärchen abzählen.

LERNTRICK 11 | AUFGABEN ZU LERNTHEMEN

Der motorische Lerntyp lernt sehr gut, indem er in Bewegung ist. Es gibt sehr viele Lernspiele, die auf Bewegung, z. B. Tanzen aufgebaut sind. Ein Klassiker sind z. B. Hüpfspiele zum Zahlenverständnis wie z. B. „Himmel & Hölle" oder alternativ Zahlenreihen (z. B. bis 20). Beides kann einfach mit Kreide auf den Boden gemalt werden und dazu gibt es verschiedene Aufgabenstellungen: Vorwärts- und Rückwärtszählen in 2er und 3er Reihen oder gerade und ungerade Zahlen hüpfen.

Das Gleiche geht mit Buchstaben: es können Wörter mit den gehüpften Anfangsbuchstaben zu einem Thema, wie z. B. Blumensorten gefunden werden.

LERNTRICK 12 | EXPERIMENTIERKISTE ANLEGEN

Lege eine Experimentierkiste an. Diese kann beinhalten:

1. Holzbuchstaben und/oder Buchstabenkärtchen
2. Stempel
3. Messmaterial: Meterstab, kleine Waage
4. Legosteine (zum Rechnen)
5. Taschenrechner oder Rechenstäbe
6. Steine (Zählen/Wiegen)
7. Schnur (zum Messen)
8. kleiner Wecker/Uhr
9. Holzbausteine (Geometrie)
10. eventuell Holz und Taschenmesser
11. u. v. m.

Mit einem eigenen Taschenmesser, Wecker oder einer kleinen Waage erhöhst Du die Motivation, auch diese Kiste zu nutzen, weil Dein Kind vielleicht stolz ist, diese Gegenstände zu besitzen. Achte nur darauf, dass das Material wieder in die Kiste geräumt wird und nutze die Kiste am Anfang ein paar Mal gemeinsam, um Deinem Kind die Kiste vertraut zu machen.

Legosteine helfen beim Rechnen / Messen stärkt das Größenverständnis:

DIE LERNMOTIVATION

Dein Kind zu unterstützen, die Lernmotivation zu erhalten, ist eines der wichtigsten Dinge, die Du für Dein Kind tun kannst. Wie geht das?

Ohne Selbstmotivation würden wir nicht laufen lernen.

Kinder sind von Grund auf neugierig. Das fängt schon im Babyalter an. Der Sinn, Dinge zu entdecken und Neues zu lernen, ist angeboren. Ohne diese Neugierde würden wir nie laufen lernen oder sprechen lernen. Es gibt allerdings Studien, die besagen, dass Kinder am Schulanfang genau diese Neugierde noch haben und diese immer mehr nachlässt. Woran liegt das? Da gibt es viele Theorien. Die meisten machen das Schulsystem verantwortlich, ohne konkret zu werden. Das ist natürlich einfach.

Ja, es ist so, dass unser Schulsystem sich nicht schnell genug weiterentwickelt, um den Anforderungen, denen unsere Kinder heute gerecht werden müssen, standzuhalten. Die Art des Lernens wurde zum Anfang des 20. Jahrhunderts so festgelegt und zu dieser Zeit mussten Inhalte nicht so breitgefächert und übergreifend verstanden werden, wie es heute der Fall ist.

Viele Lernkonzepte versuchen nun, Lerninhalte spielerischer aufzubereiten und somit mehr Sinne der Kinder anzusprechen und mehr Kompetenzen zu fordern, als das stupide Auswendiglernen von Lerninhalten. Der Anteil von Frontalunterricht zu mehr projektbezogenem Unterricht nimmt auch in den „normalen" staatlichen Schulen ab. Das hilft bei der Lernmotivation sicherlich. Es ist erwiesen, dass Lerninhalte, die mehr Sinne stimulieren und bei denen größere Ziele dahinterstehen, motivierender sind.

Die Innere und die äußere Motivation

Motivation kann unterteilt werden in „Innere Motivation“ (Selbstmotivation) und „Äußere Motivation“. Beides ist wichtig!

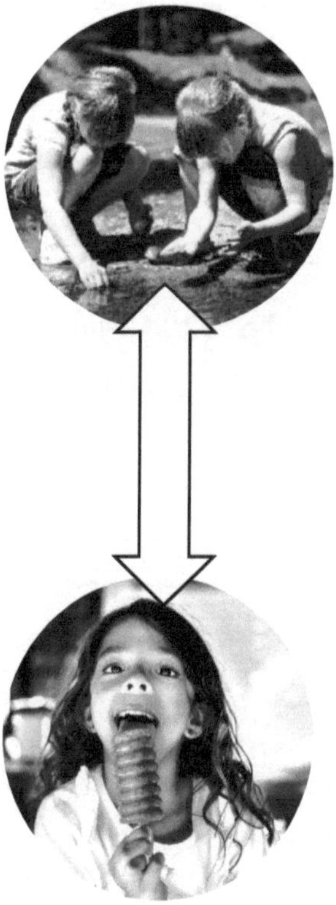

Die innere Motivation:

- „Ich möchte das unbedingt wissen.“
- „Das interessiert mich.“
- „Das macht mir großen Spaß.“

Die äußere Motivation:

- „Ich bekomme was dafür.“
- „XY sagt, dass es gut ist.“
- „Das Ergebnis ist mir wichtig.“ (Pokal)

Es ist nicht möglich, langfristigen Lernerfolg nur durch äußere Belohnungen zu sichern. Du musst sicherstellen, dass Dein Kind sich genügend selbst motivieren kann. Dies hilft übrigens nicht nur beim Lernen, sondern auch in allen anderen Bereichen im Leben.

Die äußere Motivation, z. B. in Form von Belohnungen, kann aber dazu beitragen, die Selbstmotivation zu stimulieren oder durch besonders schwere Phasen zu tragen.

So kommt Dein Kind in das Thema hinein und sieht die ersten Erfolge und vor allem aber, die Neugierde wird stimuliert. Der Rest geht dann oft von selbst.

Versuche diesen „Trick“ aber nicht zu oft anzuwenden. Ansonsten bekommt Dein Kind immer Startschwierigkeiten, mehr dazu im Kapitel „Belohnungen“.

Die Selbstmotivation Deines Kindes zu stärken, kann eine große Herausforderung sein. Es gibt aber bestimmte Dinge, die Du tun kannst, dass es lernt, sich selbst zu motivieren. Diese Dinge sind, einzeln gesehen, gar nicht so schwer in den Alltag zu integrieren.

Auf den nächsten Seiten findest Du Tipps, wie Du das machen kannst.

Wenn dein Kind mit einem Lernthema gar nicht zurechtkommt, es aber ein großes und/oder wichtiges Thema ist, kann es manchmal von Vorteil sein, für die ersten Schritte eine Belohnung auszurufen.

Aber Vorsicht:

Dies sichert nicht automatisch den langfristigen Erfolg!

Wie stärke ich die Selbstmotivation?

Folgende Punkte werden die wichtige Selbstmotivation Deines Kindes stärken und weiterentwickeln:

1

Dem Lernen einen Sinn geben

2

Positive Emotionen verbinden

3

Stärken stärken

4

Inhalte aufteilen

5

Positiv kommunizieren

6

Selbstbestimmtheit

1. Dem Lernen einen Sinn geben

Es ist erwiesen, dass Lerninhalte, bei denen ein größeres Ziel dahintersteht, motivierender sind, als solche, dessen Sinn wir nicht kennen.

Foto: Anastasiya Kostina

Und hier sind wir schon beim Schlüssel der Motivation: der Sinn hinter der Anstrengung muss Deinem Kind einleuchten!

Das große Ganze zu verstehen, hilft auch, die Neugierde zu erhalten und zu stärken. Die Neugierde ist einer der wichtigsten Treibstoffe, um weiterzumachen.

Der Sinn hinter dem Ganzen muss aber nicht unbedingt mit dem Lernthema an sich zu tun haben. Vergiss nicht, dass Dein Kind auch stark von seinem sozialen Umfeld und den Alltagsroutinen abhängig ist. Die Möglichkeit mit den Freunden in die weiterführende Schule gehen zu können, kann sehr motivierend wirken, genauso wie die Möglichkeit, mehr Freizeit zu haben, wenn man die Grundlagen beherrscht.

2. Verknüpfe positive Emotionen mit den Lernthemen

Erinnere Dein Kind immer wieder daran, was für Erfolge schon mit erworbenem Wissen erreicht wurden. Hätte Dein Kind jemals ein Eis selbst kaufen können, ohne Zahlen zu kennen?

Diese Beispiele können wirklich so oft wie möglich wiederholt werden und zwar ohne einen Unterton à la „Irgendwann hättest Du es eh gelernt", sondern mit wirklicher Begeisterung. Es ist doch tatsächlich unglaublich, was Dein Kind jeden Tag mehr kann und wie es dadurch selbständiger wird.

Je positiver Du diese Beispiele kommunizierst, desto positiver wird es Dein Kind auch aufnehmen. Versuche Deinem Kind zu verdeutlichen, was es alles erreichen kann, wenn es die Grundfertigkeiten beherrscht.

LERNTRICK 13 | LANGFRISTIGE MOTIVATION STÄRKEN

Nahezu alle Berufswünsche und Träume für jetzt und für später kann man mit gutem schulischem Erfolg argumentieren. Um die langfristige Lernmotivation zu stärken, ist es gut, herauszufinden, was die Träume Deines Kindes sind.

Möchte Dein Kind ein Haustier haben oder gar Tierpfleger werden? Du kannst mit ihm alle Kuscheltiere ausmessen, eine Einkaufsliste für Futter schreiben lassen und somit zeigen, wie wichtig das Zahlenverständnis ist.

Möchte Dein Kind Astronaut werden? Gehe mit ihm auf den Balkon, lasse einen Gegenstand herunterfallen und schaue dann mit ihm ein Video an, in dem Raumschiffe nach oben steigen. Es wird sich die Frage stellen, wie das geht. Natürlich mit Mathe und vielem anderen Know-how, das man in der Schule lernt.

Dein Kind möchte gern später bei den „Indianern“ in Amerika leben? Dann erkläre ihm, dass es dazu eine andere Sprache lernen muss. Um diese lernen zu können, muss es lesen können.

Dein Kind möchte später mal Tierpfleger werden?

Jetzt wird das Kuscheltier gepflegt!

Das Tier muss gemessen und gewogen werden. > Mathe

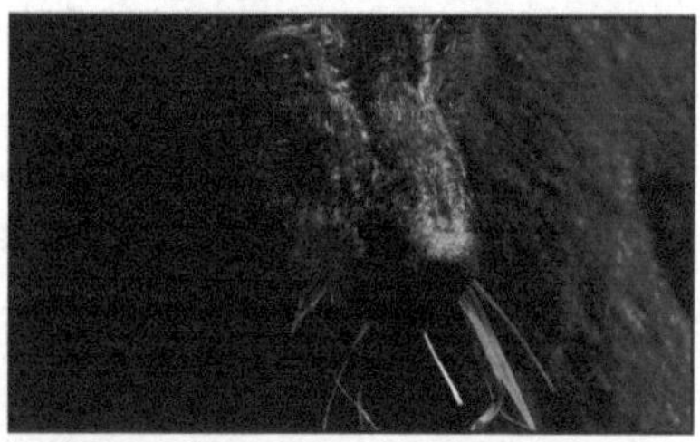

Was isst ein Tier? Lies mal nach! > Lesen

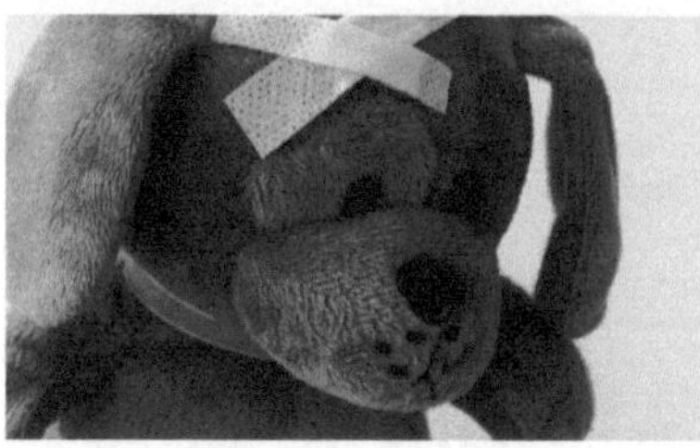

Und was macht man, wenn es krank ist? > Lesen

Es muss alles dokumentiert werden. > Schreiben

Fotos: Elefant: Sasint, Bär: Pezibear, Maßband: Multifacedgirl, Bär essend: Skeeze, Hund: Rescuewarrior, Notizbuch: Utteo

3. Stärken stärken

Dein Kind wird für Dinge, die ihm wirklich Spaß machen und seinen Stärken entsprechen, grundsätzlich eine höhere Selbstmotivation haben. Auf den schon vorhandenen Stärken Deines Kindes aufzubauen, ist viel einfacher, als immer an den Schwächen Deines Kindes zu arbeiten.

Jedes Kind hat Dinge, die es besonders gut kann und gerne macht. Frage Dich bei jedem Thema: Was macht Deinem Kind dabei genau Spaß? Wie geht Dein Kind vor? Was genau ist Deinem Kind dabei wichtig? Orientiere Dich daran.

Mache den Test auf der nächsten Seite, um Anhaltspunkte zu bekommen, welche Stärken Dein Kind hat und wie Du diese herausheben kannst.

LERNTRICK 14 | STÄRKEN STÄRKEN

Das funktioniert wirklich bei allem: Bei dem Kind, das Mathe nicht mag, aber gern schreibt, ist der Motivationsfaktor, die Aufgaben besonders schön und sauber abzuschreiben. Vielleicht darf es manchmal besondere Stifte dazu nehmen?

Dem Kind, das nicht gern schreibt aber dafür gern malt, kannst Du bei einer Schreibübung die Möglichkeit geben, Zeichnungen dazu zu machen.

Wenn Dein Kind gern singt, dann darf es die unbeliebten Matheaufgaben einfach singend erledigen.

Test: Die Stärken meines Kindes

Kreuze bitte die Antwort an, die am ehesten auf Dein Kind zutrifft.

1.) Wie geht Dein Kind mit dem Schreiben lernen um?

a) Es hält sich an alle Regeln und experimentiert nicht.

b) Es möchte detailliert wissen, warum das Wort genau auf diese Weise geschrieben wird.

c) Es probiert immer wieder Neues aus, z. B. ein Wort so klein zu schreiben, wie es nur geht oder besonders geschwungen zu schreiben.

d) Egal wie es aussieht – Hauptsache schnell!

2.) Mit was kannst Du Dein Kind am ehesten zu einer unliebsamen Hausarbeit motivieren?

a) Es darf dabei etwas neu ordnen, z. B. die Besteckschublade beim Spülmaschine ausräumen.

b) Du bist bei ihm und ihr plaudert oder Du erzählst ihm eine Geschichte.

c) Der Staubsauger wird zum Sportwagen oder der Tisch darf besonders phantasievoll gedeckt werden.

d) Es macht lieber die großen Dinge, bei denen man ein eindrucksvolles Ergebnis sieht und das viel Bewegung und Action involviert, z. B. den Garten umgraben.

3.) Wie geht Dein Kind vor, wenn es eine komplizierte Aufgabe bekommt, z.B. das Zusammenbauen eines Experimentes oder Puppenhauses?

a) Es wird eine Analyse der Aufgabe, das Zerlegen aller (Bau)-Teile und die genaue Vorbereitung aller Schritte vorgenommen.

b) Es stellt sehr viele Fragen und redet am laufenden Band mit sich selbst.

c) Es kommt am Ende etwas heraus, das der Beschreibung nicht ähnelt, weil noch Teile dazu gebaut werden oder gleich was ganz anderes entsteht.

d) Es legt sofort los, ohne die Anleitung zu beachten.

4.) Was macht Dein Kind, wenn es einen Gegenstand findet, der im ersten Moment nicht definierbar ist?

a) Es schüttelt ihn, zerlegt ihn, analysiert ihn genau, ohne unbedingt wissen zu müssen, was es ist.
b) Es will alles darüber wissen und fragt solange (bzw. sucht im Internet/Duden), bis es weiß, was es sein könnte.
c) Es zeigt ihn Dir und erzählt Dir seine 1000 unterschiedlichen Phantasien, was es sein könnte.
d) Es versucht herauszufinden, was es ist. Wenn es die Lösung nicht schnell herausfindet, gibt es wichtigere Dinge.

5.) Wie verhält sich Dein Kind am ehesten bei neuen Menschen, die es kennenlernt. Angenommen eine alte Freundin kommt aus Brasilien zu Besuch.

a) Es möchte alle Fakten über das Land Brasilien wissen und schreibt sich alles genau auf.
b) Es möchte alles über das Leben in Brasilien und Deine Freundin wissen und fragt Euch beide bei jeder Gelegenheit aus.
c) Es malt sich im Vorfeld und während des Besuches in den buntesten Farben aus, wie es in Brasilien ist.
d) Es möchte ein kurzes Video darüber anschauen und dann hinfahren.

6.) Wenn Du Dein Kind nach der Schule fragst, was es heute gelernt hat, was wird es am ehesten Antworten?

a) Es beschreibt Dir anhand einer Detailaufgabe, was es gemacht hat.
b) Es beschreibt, was die Lehrerin oder Klasse gemacht oder gesagt hat.
c) Es beschreibt eine Situation und wie sie besser gelöst sein könnte.
d) Es zeigt Dir ein Heft, eine Aufgabe oder eine Arbeit.

7.) Welchem Charakter entspricht Dein Kind auf einem Spielplatz?

a) Selbstvergessen Steine zählen und sortieren, Sand sieben, Blumen sammeln, Wasserpfützen untersuchen.
b) Es ist bei der größten Kindergruppe und hat sofort Spiel-kameraden gefunden.
c) Es baut die größten Sandburgen, hat neue Spielideen, die Sandschaufel wird zum Flugzeug und die Steine zur Kreide.

d) Es ist meist in Bewegung, wechselt die Spiele schnell und ist dabei immer in Action.

8.) Wie verhält sich Dein Kind nach einem Kino- bzw. Theaterbesuch?

a) Es bespricht seine Lieblingsszene im Detail.
b) Es beschreibt nochmals alle Charaktere und stellt Fragen dazu.
c) Es phantasiert den Film weiter und denkt sich alternative Handlungen aus.
d) Es spielt seine Lieblingsszenen nach.

Test: Ergebnis „Die Stärken meines Kindes“

1. Markiere untenstehend die jeweiligen Antworten auf die einzelnen Fragen

2. Bitte zähle alle Antworten zusammen und ermittle den häufigsten Buchstaben.

Frage 1:	O A	O B	O C	O D
Frage 2:	O A	O B	O C	O D
Frage 3:	O A	O B	O C	O D
Frage 4:	O A	O B	O C	O D
Frage 5:	O A	O B	O C	O D
Frage 6:	O A	O B	O C	O D
Frage 7:	O A	O B	O C	O D
Frage 8:	O A	O B	O C	O D
Häufigkeit:	1 A	4 B	2 C	4 D

Ergebnis A: Strukturiert und analytisch

Ergebnis B: Sozial und kommunikativ

Ergebnis C: Kreativ und visionär

Ergebnis D: Aktiv und schnell agierend

A – Das strukturierte Kind

Dein Kind hat eine hohe Fähigkeit, strukturiert und analytisch zu denken.

Bei Deinem Kind lohnt es sich, Detailarbeit zu fordern. Es wird motiviert sein, den i-Punkt am kleinen i noch schöner zu machen. Dadurch wird dann auch die Motivation für andere Buchstaben höher. Es wird analytische Fähigkeiten entwickeln und es fällt ihm leicht, strukturiert zu arbeiten. Das kannst Du beides fordern, indem Du Deinem Kind viel Möglichkeiten gibst, in einem Detail (z.B. einer Matheaufgabe) ganz genau zu arbeiten und zu analysieren wie es funktioniert, anstatt die ganze Seite zu lösen.

B – Das soziale Kind

Dein Kind hat eine hohe Kommunikationsfähigkeit und Empathie.

Bei Deinem Kind lohnt es sich, alles mit „menschlichen" Aspekten zu betrachten. Es gibt bei allen Lerninhalten einen Bezug dazu, wie Menschen das anwenden oder brauchen. Ein wichtiger „Treiber" für das soziale Kind sind außerdem Lehrer, Lernpartner und Klassenkameraden. Positive Stimmung und Kommunikation ist hier ganz besonders wichtig.

C – Das kreative Kind

Dein Kind hat die Fähigkeit, visionär zu denken und kreativ zu handeln.

Dein Kind wird durch viel kreative Freiheiten zum Lernen motiviert. Ob es nun das eigenständige Aussuchen des Schulmaterials ist oder das Singen der Matheaufgaben. Hier zählt vor allem, dass Du der Kreativität nicht zu viele Grenzen setzt. Dein Kind wird sehr stark einfordern, selbstbestimmt zu entscheiden, wie es lernt. Eine Stärke dieses Kindes ist es außerdem, Lösungen zu finden und nicht die Probleme zu sehen. Gib Deinem Kind gern viele Fragestellungen, auch zu Alltagsproblemen.

D – Das aktive Kind

Dein Kind hat eine hohe Fähigkeit, Dinge schnell zu erledigen und schnell fertig zu werden.

Starten ohne nachzudenken! Das ist zwar nicht immer förderlich für gute Ergebnisse, es ist aber eine große Stärke, wenn es darum geht, Antrieb zu finden und Dinge zu starten, die andere zu schwer oder zu komplex finden. Nutze diese Stärke Deines Kindes, wenn es darum geht, erstmal zu beginnen. Es ist sehr empfänglich für „mal schnell das Mäppchen holen“ und dann ist der Start schon getan. Bloß nicht schon die ganze Aufgabe besprechen, sondern erstmal anfangen lassen.

4. Lerninhalte aufteilen

Sehr demotivierend für alle Menschen kann es sein, wenn man kein Licht am Ende des Tunnels sieht. Man steht vor einer riesigen Aufgabe und weiß einfach nicht, wie anzufangen ist, bzw. denkt „Oje, das schaffe ich nie." Wie schlimm mag das für ein Kind sein, das noch gar nicht die Erfahrung hat, wieviel Zeit verschiedene Aufgaben benötigen.

LERNTRICK 15 | „CHOP THE ELEPHANT"

Foto: Matthew Spiteri

Hilf Deinem Kind, die großen unüberwindbaren Aufgaben, „den Elefanten" aufzuteilen, also kleine Schritte zum Ziel zu definieren und so konstant Fortschritte zu sehen und zu feiern.

Für Dein Kind kann eine A5 Seite Wörter schreiben manchmal schon absolut unüberwindbar sein. Du kannst ihm zeigen, dass es mit dem einfachsten Wort starten kann und dann diese Zeile einfach schreibt, nach der Devise „Erst mal anfangen". Schwupps, schon hat man einen Teil geschafft. Danach immer eine Zeile nach der anderen.

So wird es grundsätzlich schon mal übersichtlicher, und die Motivation kommt automatisch durch die ersten Ergebnisse.

5. Positiv kommunizieren

Anerkennung ist von hoher Bedeutung für jeden Menschen, bedenke dabei, nicht nur das Ergebnis, sondern vor allem die Fortschritte zu loben.

Da Lob motivierend wirkt, ist es wichtig, Dinge konkret zu loben. Also nicht: „Gut gemacht“, sondern „Wie Du die 10 Rechenaufgaben in der kurzen Zeit gelöst hast, finde ich toll!“

Grundsätzlich gilt, lieber einmal zu viel als zu wenig gelobt. Positive Kommunikation ist sehr motivierend für alle Menschen. Du kannst Dein Kind dadurch zum Durchhalten motivieren.

Selbstdisziplin und Durchhaltevermögen tragen mehr zum Lernerfolg bei als Intelligenz. Gib auch regelmäßiges Feedback zu den Fortschritten.

Es ist erwiesen, dass negative Kommentare, starker Druck oder schimpfen die Kinder demotivieren und vom Erreichen des Zieles eher abhalten.

Es ist nicht umsonst so, dass alle Manager viele Stunden in ihren Führungskräfte-Ausbildungen die Kommunikationsfähigkeiten trainieren. Mit einem Ziel: die Mitarbeiter motivieren zu können.

Denke einmal an Deine Chefs zurück: Welcher hat Dich motiviert? Welcher hat Dich demotiviert? Mit Sicherheit warst Du bei einem Chef mehr motiviert, welcher Dich ernst genommen hat. Der, der nicht bei jeder Kleinigkeit verärgert war, der Fehler zugelassen hat. Derjenige, der Dich unterstützt hat?

Das ist alles Teil von sehr bewusster und harter Kommunikationsarbeit. Bei richtigen Führungskräften geht dies aber in Fleisch und Blut über. Da wird dann nur noch in komplizierten Situationen darüber nachgedacht, wie man das Gespräch konkret führt. Die tägliche Mitarbeiterkommunikation, die immer von Respekt, Spaß und Ehrlichkeit geprägt ist, geht von allein.

Auch wenn ich ein Eltern-Kind-Verhältnis nicht mit einem Arbeitsverhältnis vergleichen möchte, gibt es bei der Lernmotivation doch ein paar Parallelen.

> Motivation kannst Du durch positive Kommunikation
>
> und eine positive Einstellung fordern.

Am Ende sitzt da ein vielleicht ängstliches oder verzweifeltes Kind vor Dir. Dies braucht die volle Aufmerksamkeit von Dir und sichere, verlässliche und positive Kommunikation. Natürlich ohne die Ängste herunterzuspielen.

LERNTRICK 16 | DIE SANDWICH-METHODE

Falls Du auf etwas hinweisen musst, das nicht so gut läuft, mache es mit der Sandwich-Methode: Erst eine positive Anmerkung, dann das negative Feedback geben, dann wieder etwas Positives sagen.

Hier ein Beispiel: „Du hast ja die ganze Seite schon fertig, wow! Hier sehe ich allerdings zwei Wörter, die falsch geschrieben sind. Alles andere hast Du aber richtig geschrieben. Toll!"

Dein Kind wird sich über das Lob freuen und dadurch motiviert sein, wieder in diesem Tempo eine Seite zu schreiben. Es wird aber auch ernsthaft über die falsch geschriebenen Worte nachdenken.

Das diese Methode funktioniert, solltest Du wie bei aller Kommunikation nicht nur generell loben (Toll gemacht!), sondern etwas ganz Konkretes sagen, z. B. „Dein Schriftbild ist sehr sauber!".

Denke beim Feedback geben immer an ein Sandwich:

BROT (LOB)

BELAG (KRITIK)

BROT (LOB)

LERNTRICK 17 | POSITIVE KOMMUNIKATION VERSTÄRKEN

Dein positives Feedback bekommt noch mehr Kraft, wenn Du Deinem Kind kurz die Hand auf die Schulter legst bzw. Dich zu ihm setzt und ihm in die Augen schaust. So zeigst Du wirkliches Interesse und die volle Aufmerksamkeit.

6. Eigenverantwortung geben

Stelle Dir vor, Du würdest die Aufgabe bekommen, ein Boot zu bauen, um zu einer Insel zu segeln. Du weißt, dass es sehr schwere körperliche Arbeit ist und Du lange dazu brauchen würdest.

Was würde Dich mehr motivieren? Das Du Dir immer wieder vorstellst, wie wunderbar die Insel ist und was für ein Paradies Dich dort erwartet, oder die Bauanleitung mit 500 Seiten?

Natürlich das Ziel, also die Insel. Für den Bau des Bootes gibt es zwar Regeln und Du brauchst Unterstützung, es ist aber genauso wichtig, dass Du selber entscheiden kannst, wie Du das machst und Du vorgehst.

Den Weg selbst bestimmen zu dürfen, ist sehr motivierend!

Du musst das Ziel klar machen und Dein Kind auch unterstützen, dies zu erreichen, besonders wenn es etwas das erste Mal macht. Wie Dein Kind aber vorgeht, darf es soweit wie möglich selbst entscheiden. Wie oft passiert uns das: wir denken, dass der Weg, den wir schon immer genommen haben, der richtige ist. Das kann schon sein. Wir haben die Erfahrung. Um die Motivation zu stimulieren, kann es aber der falsche sein. Außerdem ist der Lerneffekt beim Fehler-machen, auch nicht zu verachten.

Ein wichtiger Motivationsfaktor:
die Selbstbestimmtheit,
mit der Dein Kind
die Aufgaben angehen kann.

Kontrolliere immer, ob Dein Kind Entscheidungsmöglichkeiten zu folgenden Themen hat:

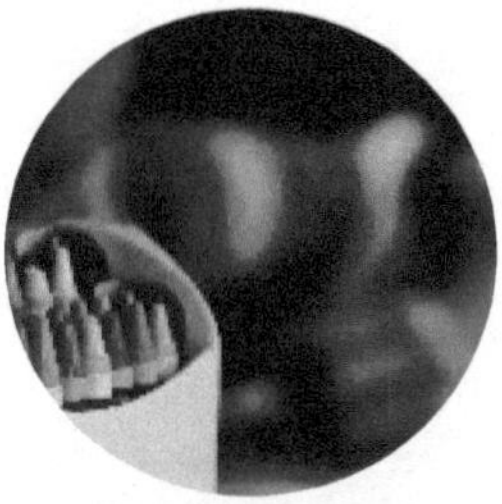

a) Lernplatz

b) Lernmittel

c) Lernmethoden

d) Lerntechniken

a) Selbstbestimmtheit beim Arbeitsplatz

Auf dem Boden, im Garten, sitzend, lümmelnd, stehend. Wer sagt denn, dass die Aufgaben am Schreibtisch erledigt werden müssen?

In den ersten Schuljahren wird beim Aufgaben lösen meistens die Nähe der Eltern gesucht. Es ist ein vertrautes Gefühl, wenn Mama oder Papa z. B. die Spülmaschine einräumen und somit einfach da sind. Natürlich hilft die Anwesenheit auch bei der ein oder anderen Frage.

Aber warum soll man nicht auch einmal im Garten oder auf dem Sofa lernen. Das ist natürlich nicht geeignet, wenn man gerade eine Aufgabe zur Schönschrift macht. Bei Studenten oder auch kreativen Freiberuflern ist ein Café oder die Unibibliothek ein toller Arbeitsplatz um auch hochkomplexe Sachverhalte zu lernen. Warum lenken die anderen Menschen nicht ab?

Gib Deinem Kind die Chance, sich auszuprobieren. Grundvoraussetzung dafür ist aber, dass Dein Kind die Lernmaterialien schnell zusammenpacken kann und sich dabei nicht vertrödelt und dass es die Aufgaben auch wirklich in dem vorgegebenen Zeitrahmen schafft.

b) Selbstbestimmtheit bei den Lernmitteln

Ja, es müssen bestimmte Rahmenbedingungen eingehalten werden. Dazu gehört, die Schönschrift mit einem Füller zu schreiben und auch die Linienvorgaben in den Deutschheften zu beachten. Ob aber nun das Deutschheft blau, grün oder gelb ist und ob Superman oder ein Einhorn vorn drauf ist: lasse Dein Kind entscheiden. Wenn es möchte. Nicht jedes Kind legt Wert darauf. Dann entscheidest einfach Du.

Zu den Lernmaterialien gehört aber auch der Inhalt des Federmäppchens. Was wird außer dem Schulmaterial noch in der Schule gebraucht?

Foto: HolgersFotografie

Ein kleiner Lernbär o. ä., der im Unterricht manchmal aus dem Ranzen schaut und Mut zuspricht, kann auch schon Wunder wirken. Dein Kind weiß ganz genau, wie sein Lieblingslernkuscheltier aussehen muss. Warum nicht mit einfachen Mitteln nachnähen und ihn so zum Leben erwecken?

c) Selbstbestimmtheit bei den Lernmethoden

Auch wenn das viele Lehrer nicht gern hören, aber wenn Dein Kind noch gern an den Fingern abzählt, um zum Ergebnis zu kommen oder bestimmte Wörter erst mal auf einem Zettel vorschreibt und dann in Schönschrift abschreibt, lasse es Dein Kind tun.

Wichtig ist doch kritisch zu prüfen, ob es schlussendlich zum Ziel kommt und die Aufgaben verstanden hat. Das ist das wichtigste Lernziel in der Grundschule: das Verständnis für die Grundlagen. Die Sicherheit, die mit der Zeit kommt, hilft dann auch, dass die Hilfsmittel weggelassen werden können. Das passiert bei manchen Kindern früher und bei manchen später.

d) Selbstbestimmtheit bei den Lerntechniken

Es gibt viele Techniken, die das Lernen vereinfachen, wie z. B. das Karteikartensystem oder Mindmapping. Stelle Deinem Kind doch mal einige vor und schaue, was am besten zu ihm passt.

Natürlich sind nicht alle Lerntechniken für alle Aufgaben geeignet und die Abwechslung macht hier auch oft einen Unterschied. Es ist aber meist so, dass Kinder eine Lieblingstechnik haben, mit der sie am besten lernen. Unterstütze diese besonders gut

Durch den Einsatz der unterschiedlichen Lerntechniken, lernt Dein Kind das Lernen.

DIE BELOHNUNGEN

Belohnungen für Kinder, ist ein großes und viel diskutiertes Thema zwischen Eltern - nicht nur in Zusammenhang mit dem Lernen in der Schule. Es fängt schon im Kleinkindalter an: Gibt es jetzt eine Extraportion Kakao, wenn die erste Nacht ohne Windel geschlafen wird?

Foto: Daria Jokovieva

Ist es sinnvoll Kinder zu belohnen?

Kinder zu belohnen hilft kurzfristig die Motivation zu stärken. Hier ist natürlich der Haken: kurzfristig!

Langfristige Motivation kommt von innen und ist normalerweise nicht an Belohnungen geknüpft.

Im Personalbereich wurden einige Studien gemacht, um herauszufinden, wie lange eine Gehaltserhöhung (oder andere Benefits, wie z. B. ein Firmenwagen) die Mitarbeitermotivation erhöhen. Die Studien zeigten alle ähnliche Resultate: maximal 6 Monate, dann ist der Mitarbeiter wieder beim alten Motivationslevel.

Belohnungen zählen zu den äußeren Motivationsformen und diese sind nicht so nachhaltig wie die inneren.

Trotzdem können Belohnungen gut funktionieren, um z. B. eine Starthilfe zu einem besonders unliebsamen Thema zu geben. Belohnungen können aber natürlich auch mal ausgerufen werden, wenn es ein Ziel zu erreichen gilt, das einfach erreicht werden muss und danach keine große Relevanz mehr hat.

Wie motivieren Belohnungen?

Belohnungen motivieren nur dann, wenn Du es mit klaren Regeln verknüpfst und die Belohnungen für das Kind einen Wert haben.

Wenn Dein Kind z. B. mit dem Taschengeld selber Eis holen darf, ist Eis nicht die richtige Belohnungsform. Grundsätzlich gilt: materielle Dinge sind nicht so gut geeignet wie immaterielle Dinge. Das Picknick mit Freunden inkl. eines selbstgebackenen Kuchens funktioniert besser. Vor allem ist aber Zeit mit den Eltern wichtig.

Die Belohnung muss auch wertemäßig der Aufgabe/Regel entsprechen. Also biete nicht den großen Zoobesuch für einmal selbständig gemachte Hausaufgaben an.

Wichtig! Nicht für alle Aufgaben Belohnungen ausrufen. Gehe sparsam mit der Möglichkeit um, Dein Kind zu belohnen. Selbstmotivation ist wichtiger. Dein Kind muss z. B. zum Ablauf des Familienalltages beitragen, ohne belohnt zu werden. Auch Hausaufgaben müssen ohne Belohnung erledigt werden. Hier kannst Du maximal das “selbständig daran denken” belohnen.

Dein Kind muss lernen, sich selbst zu motivieren. Speziell im schulischen Bereich ist es wichtig, dass Dein Kind genügend Eigenmotivation und Neugier behält, um sich den Stoff anzueignen - ohne Belohnung! Das Beherrschen von Selbstmotivation ist enorm wichtig für das ganze Leben!

Lies hierzu auch das Kapitel zum Thema „Lernmotivation“.

LERNTRICK 18 | 5-PUNKTE-PLAN BELOHNUNGEN

Wenn Du diese 5 Schritte befolgst, erfüllen die Belohnungen ihren Sinn:

1

Definieren ein realistisches Ziel

2

Bestimme die Belohnungsform

3

Mach das Ziel und die Belohnung sichtbar

4

Stelle sicher, dass Du Dein Kind nicht ablenkst

5

Feier den Erfolg (oder adaptiere das Ziel)

Schritt 1: Definiere ein realistisches Ziel

Überlege Dir gut, welches Ziel Du mit Deinem Kind erreichen möchtest. Dein Kind sollte natürlich eine wirklich realistische Möglichkeit haben, dieses Ziel auch zu erreichen.

Am besten ist es, wenn das Ziel auch zeitlich absehbar zu erreichen ist, also nicht allzu lange in der Zukunft liegt, z. B. in den nächsten 2 Wochen jeden Tag selbständig an die Hausaufgaben zu denken.

> Setze Belohnungen nur für die wichtigsten (Lern)-Ziele ein!

Am besten ist es, wenn Du Dir vorab zwar Gedanken machst, Dich dann aber mit Deinem Kind gemeinsam hinsetzt und das Ziel bestimmst. Dein Kind wird schon durch das ruhige Gespräch, für das Du Dir Zeit nimmst, erkennen, wie ernst es ist. Das kann schon eine Motivation an sich sein.

Schritt 2: Bestimme die Belohnungsform

Lasse Dein Kind hier unbedingt mitentscheiden und stelle sicher, dass die Belohnung einen Wert für das Kind hat. Was macht Deinem Kind am meisten Spaß? Über was würde sich Dein Kind am meisten freuen?

Natürlich wird wahrscheinlich die erste Antwort Deines Kindes sein: "Ein Trampolin!", „Jeden Abend 5 Filme glotzen!", „Eine Superheld- Ausrüstung!", „100 Kugeln Eis!"

Das mag ja auch mal ok sein. Besser ist aber, Du wirst hier wirklich kreativ und lässt Dir etwas Besonderes einfallen. Deinem Kind Zeit mit Dir bei einem Abenteuerausflug zu schenken, kann sehr wertvoll für Dein Kind sein. Speziell, wenn Dein Terminkalender voll ist und solche Sachen nicht an der Tagesordnung stehen.

LERNTRICK 19 | BELOHNE WERTVOLL

Hier ist eine kleine Inspiration mit lustigen Ideen für wertvolle Belohnungen:

- Ins Schwimmbad gehen bis es Nacht wird und schließt
- Einen Film im Garten schauen (am Laptop) mit Picknick und Popcorn
- Verkleidungsparty – und die Eltern müssen sich auch verkleiden!
- Mit Kreide eine Raumstation/Pferdehof etc. auf die Straße malen mit den Eltern.
- Abenteuertag mit Kamera. Fotos darf Dein Kind ausdrucken und einkleben.
- Große Leinwand im Garten mit Freunden bemalen.
- Übernachtungsparty mit 2 Freunden und großer Pfannkuchen-Torte.
- Duschen im Freien mit Gießkanne und hinterher ein kleines Picknick.

Schritt 3: Mache das Ziel und die Belohnung sichtbar!

Es ist wichtig, dass Dein Kind sich immer wieder an das Ziel erinnert und die Belohnung auch sichtbar für Dein Kind ist. Wie schnell gehen Dinge im Alltag unter? Es gibt folgende Möglichkeiten, die Ziele und Belohnungen sichtbar zu machen:

- Hänge ein selbstgemaltes Poster an die Pinnwand m Kinderzimmer.
- Beschreibe einen Zettel und stecke ihn in das Federmäppchen.
- Befestige einen Sticker an der Uhr, falls es ein zeitrelevantes Ziel ist.

Wichtig ist auch, die Teilerfolge zu markieren. So sieht Dein Kind auf einen Blick, wie weit es mit der Aufgabe schon ist. Dazu hat sich die Belohnungstafel, die es überall zu kaufen gibt, bewährt.

LERNTRICK 20 | BELOHNUNGSKÄRTCHEN NUTZEN

Noch besser finde ich das "Belohnungskärtchen". Das Belohnungskärtchen ist auf ein A4 oder A5 Blatt druckbar. So kann es Dein Kind zum Beispiel an seine Pinnwand pinnen oder da deponieren, wo seine Aufgabe zu machen ist. Auf dem Belohnungskärtchen kannst Du das Ziel und die Belohnung eintragen und Teilerfolge markieren. Vergiss nicht, bei dem Ziel und der Belohnung so konkret wie möglich zu sein, inkl. zeitliche Vorgaben. Außerdem lassen sich die Kärtchen sammeln. Meine Tochter klebt sie immer zur Erinnerung in ihr Tagebuch.

Du findest ein Beispiel des Belohnungskärtchens auf der nächsten Seite und als Downloadlink am Ende des Buches

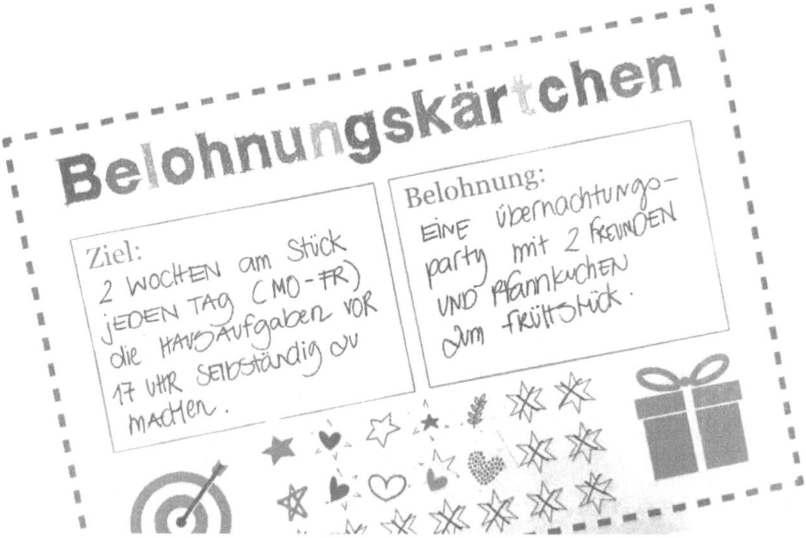

Das Belohnungskärtchen mit 21 Sternen für maximal 3 Wochen, um Teilerfolge zu markieren. Streiche einfach die Sterne weg, wenn es weniger Schritte sind.

Schritt 4: Stelle sicher, dass Du Dein Kind nicht ablenkst!

Auch Du solltest Dich auf diesen Prozess konzentrieren und Dein Kind nicht davon ablenken. Wenn Ihr z. B. vereinbart habt, bis zu einer bestimmten Zeit die Hausaufgaben gemacht zu haben, dann solltest Du nicht in dieser Zeit Gäste einladen etc.

Schritt 5: Feiere (oder adaptiere das Ziel)

Das Feiern des erreichten Zieles ist sehr wichtig. Nimm Dir unbedingt Zeit, nochmals mit Deinem Kind anzuschauen, wie Dein Kind das Ziel erreicht hat.

Was ist, wenn Dein Kind das Ziel trotzdem nicht erreicht? Überlege mit Deinem Kind, woran es gescheitert ist. War die Zeit zu knapp? Die Aufgabe zu schwer?

Gib ihm noch einmal eine Chance. Oft funktioniert es bei der zweiten Chance besser. Dein Kind erkennt hier die Ernsthaftigkeit und wie wichtig die Sache ist. Bei dem Gespräch findest Du auch heraus, ob die Belohnungsform die Richtige war. Nutze die Erfahrung für das nächste Mal.

SCHULSTRESS VERMEIDEN

Auch Kinder können stark unter Stress und dessen Folgen leiden. Die Tendenzen, dass dies zunehmend mehr Kinder betrifft, werden stärker.

Foto: esthermm

Die Universität Bielefeld veröffentlichte 2015 eine Studie[*1] in Zusammenarbeit mit der „Bephanten"-Kinderförderung, die besagt, dass sich jedes fünfte Kind gestresst fühlt. Hingegen gehen 87,3 % der Eltern davon aus, ihr Kind nicht zu überfordern.

Wir Erwachsenen stehen immer stärker unter Stress. Oder wir machen uns selbst mehr Stress. Die Auswirkungen der unterschiedlichen Kommunikationsmedien sind außerdem nicht zu unterschätzen, welche uns immer mehr ein „allzeit bereit" abverlangen. Das übertragen wir auf unsere Kinder.

Stress ist ja nicht nur die zeitliche Komponente, sondern auch der Druck, immer bei allem dabei sein zu müssen und perfekt zu funktionieren.

Stress ist oft bei überfüllten Freizeitplanungen ohne Pausen zu finden, und auch bei Kindern, die in einer scheinbar perfekten Familie aufwachsen. Da muss die Geburtstagseinladung immer noch toller sein als die vom Freund und das Kinderzimmer und alles drum herum durchgestylt.

> Stress kann durch Überforderung mit dem Lernstoff, oder aber aus sozialer oder organisatorischer Überforderung entstehen.

Das alles hat zur Auswirkung, dass wir Eltern immer stärker überfordert sind, was zu Stress führt. Die Stressresistenz der Eltern ist dabei ausschlaggebend. Schaffen wir Eltern es, genügend Pausen einzuplanen und Stress abzubauen? Wenn Eltern sich immer gestresst fühlen bzw. gestresst sind, dann überträgt sich das auch auf die Kinder. Deswegen ist es sehr wichtig, Ruhe in den Familienalltag zu bringen.

Es muss nicht jede Veranstaltung besucht oder Einladung angenommen werden. Es muss nicht alles perfekt sein. Das heißt aber nicht, dass keine Freizeitaktivitäten geplant werden dürfen. Ganz im Gegenteil, umso klarer der Plan, also die Routinen, desto besser die Vorbereitung, umso weniger Stress. Dann noch genug Pausen einplanen und schon ist es entspannt.

Arten von Stress

Es gibt zwei unterschiedliche Arten von Stress:

Hat Dein Kind positiven Stress, dann bewirkt dieser eine hohe Motivation und eine gute Aufregung. Es bewegt Dein Kind, Dinge in Angriff zu nehmen. Positiver Stress ist meist in Zusammenhang mit einem spannenden Projekt oder einer bevorstehenden Klassenarbeit im Lieblingsfach zu spüren.

Negativer Stress bewirkt das Gegenteil. Dein Kind ist überfordert und fühlt sich auch so. Diese Art von Stress hemmt Dein Kind und es zieht sich zurück.

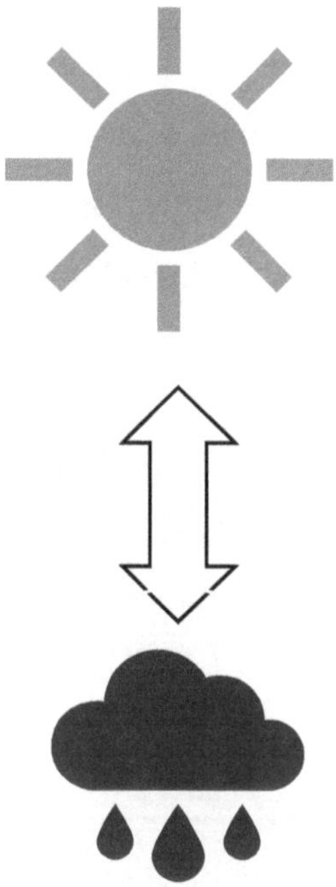

Positiver Stress:

- Aufputschend
- Hohe Energie
- Man schafft viel

Negativer Stress:

- Ermüdend
- Niedrige Energie
- Man schafft wenig

Es ist nicht unbedingt so, dass Dein Kind mit dem Schulstoff nicht zurechtkommt und deswegen Stress bekommt. Ganz im Gegenteil. Am Schulanfang ist der Druck meist nicht so hoch, da es noch keine Zensuren gibt und das Kind sich deswegen nicht vergleichbar macht. Oft sind Kinder eher überfordert mit den Abläufen in der Schule, alles alleine bewältigen zu müssen. Neue Freunde, viel sitzen, mehr Regeln als im Kindergarten.

Beim Schulstoff gilt es, genau hinzuschauen und gemeinsam mit dem Lehrer abzustimmen. Wo tut sich Dein Kind schwer? Sind es bestimmte Fächer? Sind es bestimmte Techniken, wie z. B. die Gruppenarbeit?

Symptome für Stress

Dein Kind kann unterschiedliche Symptome zeigen, wenn es sich gestresst fühlt.

Die körperlichen Symptome sind darauf zurückzuführen, dass (über längere Zeit) vermehrt Adrenalin produziert wird. Adrenalin ist aber ursprünglich nur dafür da, uns bei der Flucht (in der Steinzeit vor bösen Tieren) mehr Kraft und Schnelligkeit zu geben. Vermehrt ausgeschüttet, greift es unseren Körper an.

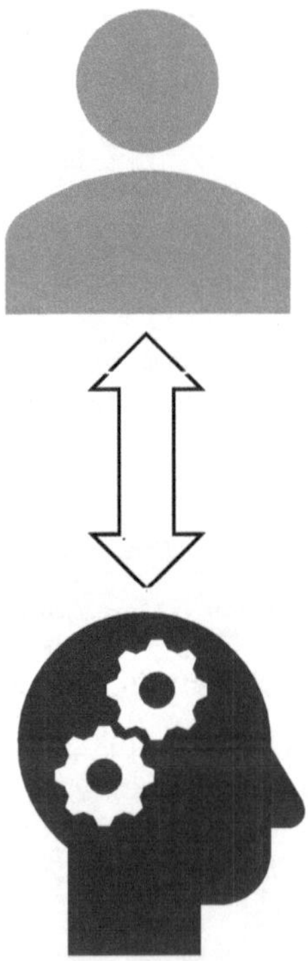

Körperlich:

- Kopfschmerzen
- Bauchschmerzen
- Appetitlosigkeit
- Verspannungen
- Öfter Erkältet (Schwaches Immunsystem)

Mental:

- Konzentrationsschwierigkeiten
- Angst
- Unlust (zieht sich zurück)

Stress bei deinem Kind reduzieren

Du kannst Dein Kind dabei unterstützen, Schulstress zu vermeiden.

LERNTRICK 21 | FÜNF PUNKTE ZUR STRESS-REDUKTION

Wenn Du diese Punkte sicherstellst, wird sich der Stress reduzieren:

1

Zuhören: Was stresst wirklich?

2

Feste Routinen planen

3

Ordnung bei Schulmaterialien

4

Bewegung fördern

5

Schlaf unterstützen

1. Zuhören

Um Stress zu vermeiden oder zu reduzieren, ist es logischerweise von Vorteil, wenn Du weißt, was den Stress verursacht.

Es ist oft schwer, mit gezielten Fragen herauszufinden, was bei Deinem Kind los ist. Deswegen ist es besser, beim "erzählen lassen" und dem Einsatz offener Fragen, die Probleme herauszufiltern.

Offene Fragen können z. B. sein: „Welche Schulstunde hat heute besonders Spaß gemacht und welche war nicht so toll?" Nach den Antworten gleich dranbleiben: „Warum war es dieses Fach?", „Warum hat Dir genau dieser Teil keinen Spaß gemacht?"

LERNTRICK 22 | „WARUM"-FRAGETECHNIK

Es gibt eine alte Regel, die besagt, dass bei der fünften Antwort auf die fünfte „Warum"- Frage zu ein und derselben Fragestellung die Wahrheit ans Licht kommt.

LERNTRICK 23 | DER KUSCHELTIER-TRICK

Für kleinere Kinder eignet es sich, auch einmal das Kuscheltier mit in die Schule zu schicken (oder Zuhause zu unterrichten). Danach kannst Du dem Kuscheltier die Fragen stellen. Dein Kind wird dann die Antworten geben. Mit großer Wahrscheinlichkeit, die, die es auch bewegen.

2. Feste Routinen

Routinen sind elementar zur Vermeidung von unnötigem Stress. Nur wenn der Tagesablauf im Alltag einfach und ohne größere Konflikte abläuft, können die Herausforderungen gut angenommen werden.

Ein schlecht organisiertes Familienleben kostet wahnsinnig viel Kraft und Energie, die viel besser für positive Erlebnisse und die Schule reserviert wird. Schlechte Organisation bedeutet auch meistens viel Reiberei, weil viele Abstimmungen notwendig sind. Konflikte sind für Kinder aber immer schwerer zu stemmen, als für die meisten Erwachsenen.

LERNTRICK 24 | ALLTAG PLANEN

Setze Dich einfach mal hin (mit Papier!) und überlege, was in einer normalen Woche so los ist. Notiere alles: von den Schul- und Hortzeiten über die freiwilligen und nicht so freiwilligen Hobbies und Lernzeiten. Dann kommt noch regelmäßige Hausarbeit, die wichtigen Essenszeiten usw. Es empfiehlt sich, einmal einen Wochenplan zu machen, in den man alle Aktivitäten einträgt. Der Prozess, diesen Plan zu erstellen, ist meist sehr lehrreich. Du siehst sofort, wo für Dich und Dein Kind Engstellen sind. Du siehst aber auch, wo freie Spielzeit ist, die so wichtig ist.

Es empfiehlt sich, diese zu schützen und da Dein Kind wirklich in Ruhe zu lassen. Wenn sich Deine Wochen sehr unterscheiden, z. B. durch Schichtarbeit oder durch Papa/Mama-Wochen, dann erstelle einfach exemplarisch 2 Wochenpläne.

Natürlich werden sich immer viele unregelmäßige Dinge ergeben.

Geburtstagsfeiern und Arzttermine lassen sich da nicht einplanen. Das Grundgerüst ist aber wichtig. Du wirst so bei einem neuen Termin sofort wissen, was das für die normale Routine bedeutet. Wenn dadurch z. B. viel freie Spielzeit wegfällt, dann plane am darauf folgenden Wochenende weniger ein.

Vorgehensweise zur Erstellung des Planes:

1

Nutze gerne meine Vorlage zum Ausdrucken
(Downloadlink am Ende des Buchs)

2

Plane erst alle fixen Termine ein wie z.B. Unterrichtszeiten

3

Danach die freiwilligen Hobbys und Essenzeiten

4

Danach die flexiblen Sachen wie z.B. Hausarbeit und Lernzeiten

5

Dann markiere in einer leuchtenden Farbe die freien Spielzeiten

3. Plane genügend Freizeit und Bewegung ein

Beim Planen des Wochenablaufs ist es wichtig, genügend freie Zeit einzuplanen. Lieber auf eine geplante Aktivität verzichten und dafür freie Spielzeit gewähren.

Langeweile darf übrigens auch mal sein. Diese regt zur Kreativität an. Und **Nein!** kein TV statt Langeweile. Du solltest Deinem Kind die Möglichkeit für viel Bewegung geben. Im Sportverein, im Garten und auf dem Spielplatz. Natürlich zählt dazu auch das Gehen auf dem Schulweg. Dein Kind muss jeden Tag Zeit für Bewegung haben.

4. Ordnung bei Schulmaterialien und dem Arbeitsplatz

Es ist sehr kräftezerrend und „stressig“ für Dein Kind, ständig nach den Schulsachen zu suchen oder erstmal Platz auf dem Schreibtisch zu schaffen, bevor das Lernen losgeht. Auch die Ordnung innerhalb des Ranzens hilft gerade am Anfang in den ersten Klassen, gut im Unterricht mitzukommen. Eine gute Organisation bei den Arbeitsmaterialien wird Deinem Kind in der ganzen Schullaufbahn von Vorteil sein.

5. Schlaf

Ja, Schlaf ist tatsächlich so wichtig (fürs Lernen) wie es überall gesagt wird. Beim Schlafen verarbeitet Dein Kind den Alltag und eben auch den Schulstoff. Zuwenig Schlaf erhöht den Stresslevel enorm. Dein Kind fühlt sich müde und dadurch wird alles umso mehr zur Last. Optimal für ein Grundschulkind sind laut WHO ca. 11 Stunden Schlaf/Nacht. Wenn Dein Kind also um 7 Uhr aus den Federn muss, dann sollte es um 20 Uhr schlafen.

LERNTRICK 25 | SCHLAFROUTINE SICHERSTELLEN

Kommt Dein Kind abends einfach nicht zur Ruhe? Auch bei Grundschulkindern hilft es, eine „zu-Bett-geh"-Routine zu haben. Es sollte kein Fernsehen direkt vor dem Schlafen gehen geben und einen immer gleichen Ablauf zur gleichen Zeit.

Markiere gern auf der Uhr die Zeit mit einem kleinen müden Teddybären (oder einer andern Lieblings-Comic-Figur) und begleite dann Dein Kind beim ins Bett gehen. Es hilft auch, im Kinderzimmer rechtzeitig das große Licht auszumachen und nur noch ein kleines Schlaflicht anzuhaben. Vielleicht liest Du Deinem Kind noch etwas vor, oder es darf selber lesen.

LERNTRICK 26 | DAS SCHLAFKISSEN

Für die besonders hartnäckigen Schlafverweigerer kannst Du auch ein kleines Kissen vorbereiten. Selbst genäht mit dem Lieblingsstoff oder zusammen ausgesucht. Fülle es mit Lavendel und gib es Deinem Kind abends mit ins Bett. Das wirkt Wunder.

Grundsätzlich gilt:

Wenn Du Dein Kind gut bei der Abendroutine unterstützt hast, passiert auch mit Dir etwas: Du hast weniger schlechtes Gewissen, dann konsequent „Gute Nacht" zu sagen und nicht nochmals zehn Ausnahmen zu machen, die das Schlafen herauszögern.

DIE LERNTECHNIKEN

Je nach Lerntyp und Thema gibt es unterschiedliche Methoden, mit denen Dein Kind Lernstoff einfach und schnell verinnerlicht und komplizierte Zusammenhänge verstehen kann.

Dein Kind muss grundsätzlich die Möglichkeit haben, selbstbestimmt zu entscheiden, wie es lernt. Das erhöht die Motivation.

Es ist aber gerade wichtig, Lernanfängern zu zeigen, welche Techniken es gibt, und sie dabei zu unterstützen, das richtige Werkzeug zu finden und anzuwenden.

Das „Lernen zu lernen" ist hier das Stichwort.

Es geht eben nicht nur um das Pauken der Lerninhalte, sondern um die Art, wie Dein Kind die Lerninhalte verinnerlichen kann.

Zeige Deinem Kind - je nach Entwicklungsstand - immer wieder neue Techniken. Es passen ja auch nicht alle Techniken zu allen Lerninhalten. Manchmal ist der Aufwand zu hoch für das Karteikartensystem und manchmal funktioniert es nicht. Orientiere Dich aber auch daran, welcher Lerntyp Dein Kind ist, und an was es am meisten Spaß hat.

> Durch die richtige Wahl der Lerntechnik lernt Dein Kind schneller und effektiver.
>
> Es sollte schon in der Grundschule „Meister" in den Techniken werden.

Je früher Du damit anfängst, desto sicherer wird Dein Kind. Die Techniken helfen Deinem Kind dann langfristig in allen Schuljahrgängen.

Hier sind die fünf wichtigsten Lerntechniken:

1

Arbeiten mit Karteikarten oder Bildkarten

2

Lerngruppen

3

Elektronische Medien

4

Mind Mapping

5

Spielerisch lernen / Experimente

1. Arbeiten mit Karteikarten und Bildkarten

Das Arbeiten mit Karteikarten ist eine sehr traditionelle, aber auch sehr bewährte Lerntechnik.

Für Dein Grundschulkind sind Bildkärtchen eine gute Alternative, falls Dein Kind noch nicht sicher im Schreiben ist. Schreiben lässt sich hierbei aber allerdings auch gut üben.

Die Lerntechnik der Karteikarten ist sehr bekannt, um Vokabeln auswendig zu lernen. Geeignet ist diese Technik aber auch bei etwas komplexeren Themen, wie z. B. Pflanzenkunde in dem Fach Sachkunde oder Grammatikregeln in Deutsch.

Die Lerntechnik basiert auf dem Wissen, dass die Technik der Wiederholungen Gelerntes vom Kurzzeitgedächtnis in das Langzeitgedächtnis transportiert.

Wie funktionieren Karteikarten?

Die klassische Art des Arbeitens mit Karteikarten ist es, Kärtchen zu den Lernthemen anzulegen. Auf die Vorderseite der Karteikarte kommt die Frage, auf die Rückseite die Antwort. Der Karteikasten hat vier Abtrenner bzw. fünf Fächer.

Schritt 1

Die Karten steckt man in das vordere Karteikastenfach.

Schritt 2

Dein Kind nimmt das erste Kärtchen, liest die Frage und versucht sie, zu beantworten.

Schritt 3

Wenn die Frage richtig beantwortet ist, rutscht die Karte nach hinten.

Wenn die Frage nicht richtig beantwortet ist, bleibt es vorne.

Das Ziel ist es, alle Fragen zu beantworten und die Kärtchen so im letzten Kästchen zu haben. Falls beim ersten Durchlauf die Antworten alle schon gewusst worden sind, kann es gern nochmals gespielt werden. Wie bereits erwähnt: die Wiederholung (min. 5-mal) der Fragen und Antworten spielt eine große Rolle beim Lernen. Ist Dein Kind ein visueller Lerntyp? Da trägt auch schon das Anlegen der Kärtchen zum Lernerfolg bei

LERNTRICK 27 | BILDKÄRTCHEN STATT KARTEIKARTEN

Versuche es doch mal mit Bildkärtchen! Dabei werden die Kärtchen mit Bildern bemalt oder beklebt, z. B. Blätter zu den Bäumen zugordnet. Das dauert zwar länger, aber Dein Kind lernt das meiste schon beim Basteln der Kärtchen.

Foto: Rawpixel

Das hört sich nach einem hohen Aufwand für wenig Lerninhalt an? Vergiss nicht, dass Dein Kind vom systematischen Lernen seine ganze Schullaufbahn profitiert.

Ein Karteikasten lässt sich einfach selbst basteln. Nimm einen kleinen Schuhkarton. Klebe quer in den Schuhkarton vier Streifen Karton zur Abtrennung der Fächer. Es können einfache Notizzettel statt Karteikarten genutzt werden.

Falls Du einen Karteikasten kaufst, ist es besser, Du kaufst einen etwas größeren als einen zu Kleinen. Ich empfehle mindestens A6.

2. Lerngruppen-Lernen mit Freunden

Die Lernmotivation ist beim gemeinsamen Lernen mit den Freunden stark erhöht, weil das Lernen hier zu einem „Erlebnis" wird.

Abbildung 1 Foto: gpointstudio

Ich bin großer Fan von „Lerngruppen bilden". Ich habe das ein ganzes Schuljahr regelmäßig gemacht. Teilgenommen haben fünf Freundinnen meiner Tochter. Es ist ein hoher Aufwand, der sich aber lohnt. Falls das zu viel Aufwand für Dich ist: Warum nicht bestimmte Themen gemeinsam in kleineren Gruppen mit einer Freundin oder der Familie erarbeiten? Das kann auch mit kleinen Themen, z. B. im Rahmen eines Spielenachmittags passieren.

In Gruppenarbeiten hat Dein Kind generell den Vorteil, dass es unterschiedliche Sicht- und Herangehensweisen zu einem Thema kennenlernt. Der Vorteil, gemeinsam mit gleichaltrigen Kindern zu lernen, ist aber die nochmals andere Denkweise der Kinder gegenüber den Erwachsenen. Diese Lerntechnik ist besonders effektiv, wenn Dein Kind zum kommunikativen Lerntyp gehört.

LERNTRICK 29 | SELBST EINE LERNGRUPPE GRÜNDEN

Definiere zusammen mit den Eltern der Schulfreunde ca. 10-12 Termine in einem Schuljahr. Die Lerngruppe findet ohne Ferien dann alle 3 Wochen statt. Wenn Du es nicht selber schaffst, wechsle Dich mit den anderen Eltern ab. Bei 6 Kindern wäre jedes Elternpaar dann bis zu zwei Mal pro Schuljahr dran.

Die Kinder kommen nach der Schule gemeinsam nach Hause und es kann je nach Belieben gemeinsam gekocht werden. Ich habe das zur Auflockerung immer gerne gemacht. Gut ist es auch, die Kinder etwas vorbereiten zu lassen. So muss man sich schon mal kurz mit dem Thema beschäftigen und die Kinder haben das Gefühl, etwas beigetragen zu haben.

Auf den nächsten Seiten findest Du das Programm von der Lerngruppe einer 2. Klasse. Die Themenzusammenstellung ist bei anderen Klassen natürlich anders. Die Vielfalt an Lerntechniken kann aber in allen Klassen gleichbleiben, z. B. das Karteikartensystem zu integrieren. **Wichtig ist dabei:** Du bist nicht der Lehrer, sondern stellst „nur“ die Materialien und Themen bereit.

Beispiel eines Programmes für eine Lerngruppe in der 2. Klasse:

Thema: Mathe/Grundrechenarten

Gruppe Plus gegen Gruppe Minus - Wer Gewinnt?

Siehe Lerntrick 38: Lernspiel zum Plus- und Minusrechnen mit Pappbecher und Stäbchen.

Thema: Mathe/Umgang mit Geld

Wir gehen einkaufen!

Lasse die Kinder eine Einkaufsliste vorbereiten für ein Gericht Deiner Wahl. Die Kinder können dann zusammen einkaufen und gemeinsam kochen. Zusätzlich kannst Du auch den Lerntrick 48 vorbereiten: „Umgang mit Geld im eigenen Kaufmannsladen lernen".

Thema: Mathe/Geometrie

Bunte Gedankenkarte zum Thema „Formen"

Siehe Lerntrick Nr. 49: Alltagsgegenstände aus dem Haushalt zu den geometrischen Formen suchen lassen. Zusätzlich kannst Du dann eine Mindmap (siehe Seite 73) erstellen lassen.

Thema: Deutsch/Lesen

Gemütliche Märchenstunde im Märchenzelt

Siehe Lerntrick Nr. 51: Jedes Kind soll ein Buch mitbringen und daraus vorlesen oder nacherzählen. Diese Lerngruppe passt gut in den Advent.

Thema: Sachkunde

Wir basteln eine Bildkartenbox

Die Bildkartenbox kann zu einem beliebigen Lernthema gebastelt werden. Geeignet sind z. B. Baumarten, Kontinente & Länder, Pflanzen...Bitte nicht zu kompliziert. Das Thema ist nicht so wichtig, sondern eher der Prozess, diese Box zu erstellen und damit umzugehen.

Thema: Mathe/Grundrechenarten

Rechenraster

Siehe Lerntrick Nr. 41. Die Kinder können das Bild (und die Kopie) schon zu Hause vorbereiten und mitbringen.

Thema: Deutsch/Rechtschreibung

Das Wortpaar-Spiel

Siehe Lerntrick Nr. 58: Lernspiel zum Thema „Groß- und Kleinschreibung“.

Thema: Diverse Lernthemen

Gemütliche Runde mit tollen Lern-CDs

Lern-CDs aus der Bücherei ausleihen. Anhören lassen und danach Fragen stellen, z. B. „Was hast Du gelernt?“, „Was war besonders lustig?“.

Thema: Diverse Lernthemen

Lernen in Bewegung/Spaß im Garten

Bei dieser Lerngruppe können Hüpfspiele, wie z. B. „Himmel und Hölle“ gespielt werden.

3. Elektronische Medien

Elektronische Medien sind aus dem Alltag nicht mehr wegzudenken. Gerade beim Lernen können sie gut unterstützen. Lern-Apps und Programme bringen Kinder Lerninhalte spielerisch bei.

Foto: Jessica Lewis

Bedenke aber, dass Dein Kind Themen auch selber erarbeiten und vor allem anfassen muss. Auch das beste Lernprogramm ist nur zweidimensional.

Speziell für den „motorischen Lerntypen" ist das pure Zuschauen nicht besonders effektiv. Das Positive bei den Lernprogrammen oder auch wertvollen TV-Sendungen ist, dass Inhalte vermittelt werden, die nur mit großem Aufwand für Dich möglich sind, z. B. eine TV-Sendung über die Herstellung eines Buches.

Achtung: Durch das selbst Ausprobieren und dem Erspüren von Themen werden wichtige Inhalte nachhaltiger vermittelt.

LERNTRICK 30 | NUTZE KINDGERECHTE MEDIEN

Um sicher zu gehen, dass Dein Kind nur auf kindersicheren Seiten surfen kann, hast du folgende Möglichkeiten:

Software installieren: Du kannst eine Software kaufen oder abonnieren, die ähnlich wie eine Antivirus Software arbeitet. Nicht kindgerechte Seiten werden gefiltert und blockiert. „Jusprog" ist zum Beispiel eine freie Software.

Suchmaschinen: Kindgerechte Suchmaschinen zeigen nur kindgerechte Ergebnisse an, probiere: blinde-kuh.de, fragfinn.de (kann als Standard-Suchmaschine in deinem Browser festgelegt werden) oder helles-koepfchen.de. Helles Köpfchen hat auch eine große Anzahl an Wissensartikeln direkt auf der Seite und eine Chat-Funktion.

Kindgerechte Seiten und Seiten kindgerecht einrichten: Es gibt viele Internetseiten, die für Kinder entwickelt wurden, z. B. Klexikon (ein Online Lexikon) oder ZDF Tivi (ZDF Kinderseite mit vielen Serien). YouTube kannst Du übrigens auch „kindersicherer" machen: mit YouTubeKids kann man eine maximale Nutzungszeit hinterlegen und Kanäle blockieren.

Grundsätzliches: Du solltest Deinem Kind ein eigenes Nutzerprofil in Deinem Computer/Tablet einrichten. Auf diesem Profil kannst Du dann eine sichere Suchmaschine als Start installieren und Links von vielgenutzten Seiten auf den Desktop legen.

Pop-Up-Blocker sind übrigens auch zu empfehlen, um Werbung auszuschalten.

4. Mind-Mapping

„Mind-Mapping" heißt so viel wie „Gedanken-Anordnen". Das trifft es nicht zu 100 %. Tatsächlich ist es eine kreative Methode, um verschiedene Bereiche des Gehirns zu stimulieren und erhöht somit die Wahrscheinlichkeit, dass der Lernstoff auch hängen bleibt.

Gedankenkarten sind besonders für den visuellen Lerntyp sehr gut geeignet.
Foto: Slawa Bowman

Eine Mindmap kann zu vielen Lernthemen gestaltet werden. Besonders gut geeignet ist die Technik für komplexere Themen oder Projektthemen, die unterschiedliche Fächer abdecken.

In der Grundschule ist das z. B. für Sachkunde oder bei einem Spezialthema, wie z. B. der Verkehrserziehung verwendbar. Aber auch in Geometrie, bei Rechtschreibregeln und Englisch, kann es gut funktionieren.

Um eine Mindmap zu erstellen, brauchst Du nicht viel, außer einem großen weißen Blatt Papier und bunte Stifte.

Schritt 1

Starte mit einem großen weißen Blatt und schreibe das Thema in die Mitte, z. B. Laubbäume.

Schritt 2

Schreibe nun alle Themen, die Deinem Kind dazu einfallen, in Verzweigungen dazu. Ein Begriff könnte z. B. Blattformen sein.

Schritt 3

An diese Linie werden dann neue Linien mit allen Bäumen und den dazugehörigen Blattformen gemalt oder geschrieben.

Schritt 4

Andere Linien können dann zu den Früchten, der Baumstruktur usw. angelegt werden.

Das Mindmap kann unendlich erweitert werden. Solange Deinem Kind noch etwas einfällt, kann es flexibel integriert werden. Entweder auf eine vorhandene Linie oder eine neue Linie.

Der Vorteil dabei ist, dass den Gedanken keine Grenzen gesetzt werden. Es gibt kein natürliches Ende, z. B. wenn das Blatt zu Ende ist. Beide Gehirnhälften (die rechte kreative und die linke logische) werden stimuliert. So prägen sich Lerninhalte besser ein.

5. Spielerisches Lernen und Experimente

Spielerisches Lernen erhöht die Lernmotivation immens. Im Zusammenhang mit praktischem Umsetzen und Ausprobieren zählt es zu der besten Lerntechnik für nachhaltige Wissenserweiterung.

Foto: Jenko Ataman

Da in der Grundschule die Grundbausteine für den kompletten schulischen Lernerfolg gelegt werden, ist nachhaltiges Lernen hier besonders wichtig.

Außerdem ist erwiesen, dass die Lernmotivation zurückgeht, umso mehr negative Lernerlebnisse Dein Kind in den ersten Schuljahren hat. Mit lustigen Spielen zu den Lerninhalten ist der Spaß vorprogrammiert.

Gerade in der Grundschule ist es möglich, viele Themen spielerisch zu vermitteln bzw. praktische Übungen oder Experimente dazu zu machen.

Rahmenbedingungen für alle Lerntechniken

Um sich Lernstoff erfolgreich anzueignen und zu behalten, müssen bestimmte Rahmenbedingungen gegeben sein.

a) Wiederholungen

Wiederholungen des Lernstoffes helfen Deinem Kind, das Gelernte in das Langzeitgedächtnis zu überführen. Deswegen ist es wichtig, das Gelernte nicht nur schnell zu verstehen (und dann leider wieder zu vergessen), sondern auch wiederholt zu üben.

b) Pausen

Ausreichend Pausen zwischen den Lerneinheiten bzw. auch zwischen Schule und Hausaufgaben helfen, die Konzentration wiederherzustellen. Pausen sollten zum Relaxen, zum Spielen aber vor allem zur Bewegung genutzt werden. Dabei gilt: umso freier das Kind in der Gestaltung dieser Zeit ist, desto besser kann es sich regenerieren.

c) Bewegung

Bewegung sorgt dafür, dass die Konzentrationsfähigkeit wieder erhöht wird. Durch die Bewegung werden Endorphine ausgeschüttet und Stresshormone abgebaut. Das Gehirn wird besser durchblutet und das Arbeitsgedächtnis wird aktiviert. Das sind alles Grundlagen für eine effektive nächste Lerneinheit.

d) Schlaf

Ausreichend Schlaf ist speziell für Kinder wichtig. Dabei geht es um zwei Dinge. Erstens, ausgeschlafen ist Dein Kind leistungsfähiger. Zweitens, wird Wissen beim Schlafen vom Kurzzeitgedächtnis in das Langzeitgedächtnis überführt.

e) Trinken

Studien zeigen, dass das Gehirn sich vermehrt anstrengen muss, um Wassermangel auszugleichen. Dieser Energieabfluss kann den Lernerfolg beeinträchtigen.

Flüssigkeitsmangel kann außerdem manchmal zu Kopfschmerzen führen, auch damit ist der Lernerfolg Deines Kindes beeinträchtigt.

Die Deutsche Gesellschaft für Ernährung (DGE) empfiehlt[*2] 7 - 10 - jährigen einen knappen Liter Flüssigkeit (ungesüßte Getränke!) über den Tag verteilt zu trinken.

GESTALTE EINE POSITIVE LERNUMGEBUNG

Nicht nur das Anwenden der richtigen Lerntechnik bringt den Erfolg. Auch die Lernumgebung trägt maßgeblich dazu bei.

Zur Lernumgebung zählen:

1. Die Materialien

2. Der Arbeitsplatz

3. Die Lernstimmung

1. Die Schulmaterialien

Die Schulmaterialien müssen für den Lernerfolg gut organisiert und schnell griffbereit sein. Schon in der ersten Klasse muss sich Dein Kind in seinen Schulsachen selbst gut zurechtfinden.

Es ist hier sehr wichtig, dass Du die Schulsachen zusammen mit Deinem Kind zusammenstellst und den Ranzen gemeinsam packst.

Gerade in der Anfangszeit - bei manchen Kindern aber in der ganzen Grundschulzeit - empfiehlt es sich, regelmäßig mit dem Kind am Abend gemeinsam zu schauen, was Dein Kind Neues gelernt hat und was es für den nächsten Tag braucht. Das ist ebenfalls ratsam, wenn Dein Kind alle Materialien jeden Tag dabei hat.

Der Schulranzen Deines Kindes sollte zu Hause einen festen Platz haben, der einfach zugänglich ist. Verlange auch vom ersten Tag an, dass Dein Kind das Hausaufgabenheft und die Pendelmappe (also Informationen der Schule) täglich direkt nach der Schule selbständig ausräumt.

Das gilt natürlich auch für die Lunch-Box und die Sportsachen, die direkt in die Wäsche wandern.Es lohnt sich, die Selbständigkeit hier zu fordern, sodass Dein Kind sich auch in den höheren Klassen gut selbst organisieren kann.

Tipps zum Schulranzen

Ein gutes Farbkonzept hilft Deinem Kind, sich gut in seinem Ranzen zurechtzufinden. Pro Fach kann man eine Farbe definieren und diese Farbe konsequent durchsetzen. Auch bei zusätzlichen Materialien, die z.B. bei Projekten notwendig sind, wird diese Farbe eingesetzt.

Eine einheitliche Arbeitsweise zum Beschriften der Materialien spart zusätzlich Zeit. Lass Dein Kind dabei mitarbeiten, es soll seine Materialien selbst beschriften und einräumen. Unterstütze Dein Kind dabei, eine gute Struktur zu finden, die zu Deinem Kind passt.

Zu Hause kannst Du gemeinsam mit Deinem Kind für die wichtigsten Fächer im gleichen Farbsystem Materialien bereitstellen.

Ich hatte in der 1. Klasse meiner Tochter den Fehler gemacht, alle Hefter in Lila (ihrer Lieblingsfarbe) zu kaufen. Das Ergebnis war, dass meine Tochter immer alle Hefter herausholen musste, um zu lesen, welches Fach es ist. Wertvolle Zeit, die verloren ging.

LERNTRICK 31 | FÄCHERN FARBEN GEBEN

Durch einheitliche Farben in einem Fach ist auf den ersten Blick das richtige Lernmaterial bei der Hand. Die Farben prägen sich schnell bei Deinem Kind ein und dann hat das Suchen ein Ende.

Buchumschläge mit Heftetiketten, die wiederum in diesem Farbkonzept gestaltet sind, und die Dein Kind selbst beschriften soll, geben nochmals zusätzliche Sicherheit und das Gefühl, gut organisiert zu sein. Einen Link für den Download der Heftetiketten findest Du am Ende des Buches.

Checkliste: Der Schulranzen

Das Federmäppchen

[ ] (Schreiblern-)Füller

[ ] 2-4 Tintenpatronen

[ ] 2 Bleistifte (weich/hart)

[ ] Hochwertige Buntstifte

[ ] Radiergummi

[ ] Einfacher Spitzer

[ ] Geodreieck (mit Halter und Linien)

[ ] Lineal

Schlampermäppchen

[ ] Filzstifte

[ ] Spitzer mit Kanister

[ ] Klebestift

[ ] Schere

Bastelmaterial, wie z. B. Blöcke, Pinsel, Wasserfarben u. Ä. werden in der Schule gelassen. Je nach Schule kauft die Lehrerin/der Lehrer ein Teil der Materialien.

Zirkel und langes Lineal werden meist erst in der 3. Klasse verlangt, Taschenrechner erst in den weiterführenden Stufen.

Checkliste: Der Schulranzen

Hefte / Bücher

[ ] Hefte nach Farben eingeschlagen

[ ] Hefte mit Heftetikett versehen

[ ] Bücher mit farbigem Umschlag

[ ] Mappe für lose Blätter

[ ] Hausaufgabenheft

[ ] Pendelmappe für Kommunikation mit der Schule

Sonstiges

[ ] Pausenbrot-Box

[ ] Leichte Trinkflasche

[ ] Regenschutz für Ranzen

[ ] Mäppchen für Essenskarte

[ ] Extrafach für Schlüssel / Geldbeutel

[ ] Extrafach für Kuscheltier und Persönliches

Zusätzlich werden gebraucht:

- eventuell Hausschuhe
- 2 Sporttaschen für Sport- und Schwimmsachen
- Werkschürze
- eventuell Gummistiefel für den Schulgarten

Die Checkliste zum Schulranzen kannst Du ausdrucken. Den Downloadlink findest Du am Ende des Buches. Beim Packen des Federmäppchens achte bitte darauf, dass Dein Kind immer 2 - 4 volle Tintenpatronen als Vorrat bereit hat. Mitten im Diktat Tintenpatronen zu suchen, kann sehr stressig sein. Die meisten LehrerInnen verlangen auch einen Zweitfüller. Achte darauf, dass beide Füller das gleiche Patronensystem haben. Auch ein Anfängerfehler: man kauft einen Markenfüller und einen günstigen, und schon sind 2 unterschiedliche Patronen zu organisieren. Bei den Buntstiften ist es von Vorteil, hochwertige zu kaufen/schenken zu lassen. Diese halten meist die ganze Grundschulzeit. Es macht einen Riesenunterschied in der Kraftanstrengung und im Resultat, wenn man hochwertige Buntstifte hat. Meistens werden die im Mäppchen schon mitgeliefert, da muss man dann im Notfall austauschen.

LERNTRICK 32 | FEDERMÄPPCHEN-INFOS

Foto: Bru-no

In jedem Federmäppchen ist ein Fach für den Stundenplan vorgesehen. Es empfiehlt sich, diesen auch mit dem Stundenplan zu nutzen. Das bietet Deinem Kind Orientierung. Zusätzlich kann aber vor Klassenarbeiten oder bei wichtigen Infos ein kleines Zettelchen eingeschoben werden. So hat Dein Kind immer die wichtigen Dinge im Blick.

LERNTRICK 33 | DIE PAUSENBROTBOX MIT SYSTEM

Zur Frühstückspause gibt es das Vesper, klassischerweise in einer Lunch-Box mit. Kaufe clever: 2 - 3 der gleichen Art mit versetzbaren Einlegern so bist Du flexibel und kannst die unterschiedlichen Speisen immer gut voneinander trennen. Sie bleiben damit optisch ansprechend und vermischen sich nicht. So hast Du eine höhere Chance, dass Dein Kind das „gesunde" Pausenbrot isst, und somit mehr Energie fürs Lernen hat.

LERNTRICK 34 | DAS EXTRAFACH IM RANZEN

Jedes Kind sammelt und sammelt und sammelt. Ob es nun der Stein ist, der am Wegesrand lag und eine besonders schöne Form hat, oder das selbergebastelte Spiel oder das Süßigkeiten-Papier mit dem lustigen Elefanten vom Kindergeburtstag: es sammelt sich so einiges an. Definiere ein Fach im Ranzen, in dem Dein Kind all diese Sachen aufbewahren kann. Das hilft, im Rest des Ranzens mehr Ordnung zu halten.

2. Der Lernplatz zu Hause

Dein Kind hat einen Schreibtisch im Kinderzimmer? Wahrscheinlich wird es diesen - gerade am Anfang - eher selten nutzen.

Besser ist es, die Lernmaterialien im Ess- bzw. Wohnzimmer bereitzuhalten. Dein Kind möchte gern bei Dir in der Nähe sein.

Der Arbeitsplatz im Zimmer Deines Kindes sollte trotzdem lernfreundlich gestaltet sein. Gerade der auditive Lerntyp braucht Ruhe beim Lernen, diese Bedingung sollte er dort haben. Teilt Dein Kind das Zimmer mit Geschwistern? Schreibtisch zur Wand und Ohrstöpsel rein. Alternativ hilft es, Lernzeiten zu vereinbaren, bei denen nicht gestört werden darf.

Lernmaterialien haben auf dem Schreibtisch einen extra Platz. Der Schreibtisch muss immer aufgeräumt sein, sodass ein neues Lernthema gestartet werden kann, ohne langes Aufräumen und Suchen. Das ist besonders beim visuellen Lerntyp wichtig.

Der optimale Schreibtisch und Schreibtischstuhl

Beim Einrichten des Arbeitsplatzes gibt es einige Punkte zu beachten. Schön ist es natürlich, wenn Dein Kind bei der Farbe und dem Stil mitentscheiden kann. Dennoch solltest Du auf untenstehende Funktionalitäten achten, um sicher zu gehen, dass der Arbeitsplatz gut zum Lernen genutzt werden kann.

Beim Kauf eines Schreibtisches solltest Du auf folgende Punkte achten:

- Schublade für Schreibsachen
- (Integrierter) Rollcontainer oder Aufbewahrungsturm
- Mindestbreite 1,20 m

Optimalerweise ist der Schreibtisch eines Grundschülers höhenverstellbar. Da ja meistens nicht länger als 30 min bis max. eine Stunde daran gelernt wird, ist ein dickes Sitzpolster nicht von so großer Bedeutung. Ein einfacher Holzstuhl reicht, dieser sollte allerdings dreh- und höhenverstellbar sein.

LERNTRICK 35 | HOCKER FÜR DIE FÜẞE

Die Höhenverstellbarkeit ist auf der einen Seite wichtig, da Dein Kind noch wächst, aber vor allem, dass Dein Kind die Füße auf dem Boden abstellen kann.

Ist das nicht möglich, dann biete Deinem Kind einen kleinen Hocker an, auf dem es seine Füße flach abstellen kann.

Wenn es nicht möglich ist, die Füße abzustellen, wird Dein Kind schneller müde und der Rücken wird stark belastet.

Grundsätzlich sind Bewegung und gern auch ein gewisser Grad an Lümmeln beim Lernen total in Ordnung. Gerade beim motorischen Lerntyp ist das sogar erwünscht. Also ermahne Dein Kind nicht, wenn es vermeintlich unruhig lernt.

Die optimale Beleuchtung

Am wichtigsten am Arbeitsplatz ist die Beleuchtung. Darauf solltest Du auch achten, wenn Dein Kind am Esstisch lernt. Die richtige Beleuchtung setzt sich tatsächlich aus zwei Lampen zusammen:

Die erste Lampe ist eine typische Schreibtischleuchte, die einen starken Lichtkegel direkt auf den Schreibtisch richtet. Das Licht muss so ausgerichtet sein, dass es Deinem Kind nicht in die Augen blendet und sollte auch einen geschlossenen Schirm haben. Also kein Stoff oder Glas, bei dem das Licht an der Seite durchleuchtet. Dieses Hauptlicht erfüllt die Funktion der Helligkeit und somit Lesbarkeit.

Die zweite Lampe ist in der Nähe des Schreibtisches platziert und hat die Funktion, der ersten Lampe die Schärfe zu nehmen, sodass die Augen nicht so schnell müde werden. Es darf ruhig eine schwächere, kleine Lampe sein und sie hat vorzugsweise einen Schirm, bei dem das Licht durchleuchtet und gestreut wird.

Probiere es selbst einmal aus. Mit der Schreibtischlampe allein und dann zusätzlich mit einer Stimmungslampe in der Nähe. Du wirst sehen, dass zweiteres viel angenehmer zum Arbeiten ist.

Diese Tipps können auch beim Lernen am Esstisch funktionieren.

LERNTRICK 36 | ZWEI PINNWÄNDE

Da die Lernumgebung visuell ruhig sein sollte, um die Konzentration zu erhöhen, sind zwei Pinnwände zu empfehlen. Eine ist im Spielbereich oder im Familienbereich für Eintrittskarten und Erinnerungen. Eine zweite ist im Lernbereich, an der nur die aktuellen Lernthemen organisiert sind. Wenn Dein Kind kein eigenes Zimmer hat oder grundsätzlich am Esstisch lernt, kann auch eine mobile Pinnwand für die Lernthemen eingeführt werden.

Diese Pinnwand kann A3 groß sein und optimalerweise mit Pins genutzt werden, da Magneten gern verrutschen. Diese kann bis zum nächsten Einsatz auf einem Schrank aufbewahrt werden.

LERNTRICK 37 | DIE LERNKISTE

Die Lernkiste beinhaltet alles Material, dass Dein Kind zum Lernen braucht und steht vorzugsweise am Arbeitsplatz bzw. Esstisch. So muss es nicht immer seinen Ranzen ein- und ausräumen, wenn es kurz etwas schreiben möchte.

3. Die Stimmung

Gibt es bei Dir viele Konflikte in der Familie? Wird bei den Geschwistern viel gezankt? Bist Du oft überfordert und „schlecht drauf"? Abgesehen davon, dass jeder mal einen schlechten Tag hat und es überall mal laut werden kann, es ist gerade für konzentriertes Lernen wichtig, dass Dein Kind gut in die Lernsituation geht. Es soll sich nicht über die Probleme Gedanken machen, sondern sich voll konzentrieren können.

Foto: Olesia Bilkei

Eine positive Haltung gegenüber der Schule und dem Lernen sind Grundvoraussetzungen dafür. Dazu gehört auch, nicht über Lehrer und Lernmethoden zu „lästern". Ein ständiges Kritisieren vor dem Kind (dazu gehören auch hochgezogene Augenbrauen oder ein Augenverdrehen) ist kontraproduktiv und verunsichert, statt zu stärken.

Sich kritisch mit dem Unterrichtsstil auseinanderzusetzen mag dann okay sein, wenn man die Sorgen mit der Lehrerin/dem Lehrer klärt. Das kann an konkreten Beispielen beim Elterngespräch passieren.

TRICKS UND LERNSPIELE: MATHE

Gerade für die Mathematik gibt es viele Tricks und Lernspiele, die einfach vorzubereiten sind und Spaß machen. Diese Spiele sind unkompliziert und einfach in den Alltag zu integrieren. Die meisten dieser Spiele kann Dein Kind selbständig machen. Manchmal ist es von Vorteil, wenn Dein Kind einen Lernpartner, z. B. eine Freundin/einen Freund hat.

Es hilft für die ganze Schullaufbahn, das logische Verständnis spielerisch zu erhöhen. Bei einigen der Tricks, die Du in diesem Kapitel findest, geht es um das Üben und Wiederholen. Bei einigen anderen Tricks ist es aber so, dass Dein Kind die Aufgaben durch eine andere Herangehensweise besser verstehen lernt. Vergiss nicht, dass sich das Lernselbstbewusstsein Deines Kindes erhöht, je mehr es kann. Dein Kind wird an neuen Unterrichtsstoff mit viel mehr Freude herangehen und dann auch weniger schnell aufgeben. Ich hoffe, dass auch Du Spaß an den Spielen und teilweise verblüffenden Tricks hast. Es ist natürlich schön für Dein Kind, wenn Du Dir auch ab und zu Zeit dafür nimmst. Nur so kannst Du auch herausfinden, wo Dein Kind noch Hilfe braucht. Bei den Tricks und Spielen lege ich den Fokus auf die Grundrechenarten. Auf dem Verständnis für die Grundrechenarten in den kleinen Zahlenräumen baut sich der Mathe-Unterricht der ganzen Schulzeit auf. Verpasse es nicht, mit Deinem Kind hier gut vorzusorgen.

Das wichtigste ist aber:

Habe Spaß dabei! Mit echtem Spaß und Freude kannst Du Dein Kind am besten motivieren!

Die Mathetricks werden unterteilt in:

- Plus- und Minusrechnen
- Malrechnen und Teilen
- Geometrie
- Umgang mit Geld
- Zahlenverständnis

1. Tricks zu Plus- und Minusrechnen

LERNTRICK 38 | DAS RECHENRASTER

Eine Art spielerisch die Grundrechenarten zu üben, ist das Üben mit einem Rechenraster. Hier wird auch das logische Denken trainiert. Lasse Dein Kind 2 identische Bilder malen. Auf dem ersten wird (je nach Schwierigkeitsstufe) ein Raster mit Zahlen angelegt. Das zweite wird zerschnitten und auf ein weißes Papier geklebt. Nun müssen die Rechenaufgaben übertragen und dann ausgerechnet werden.

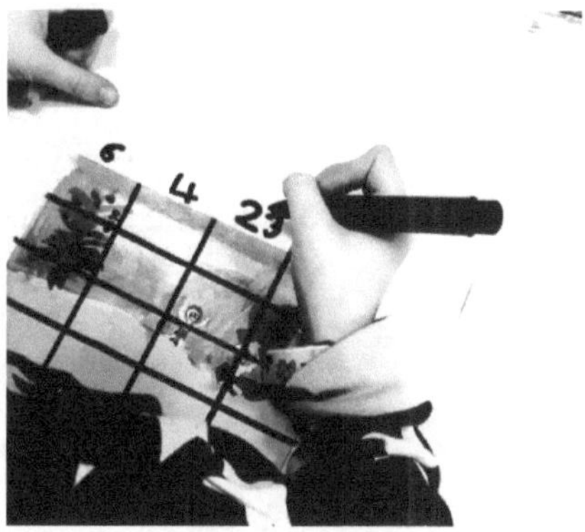

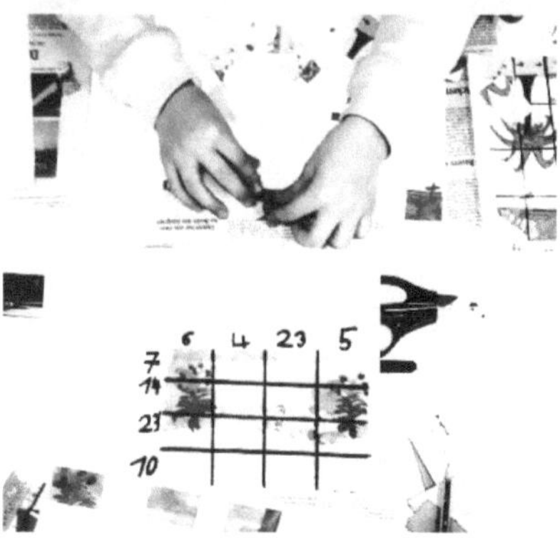

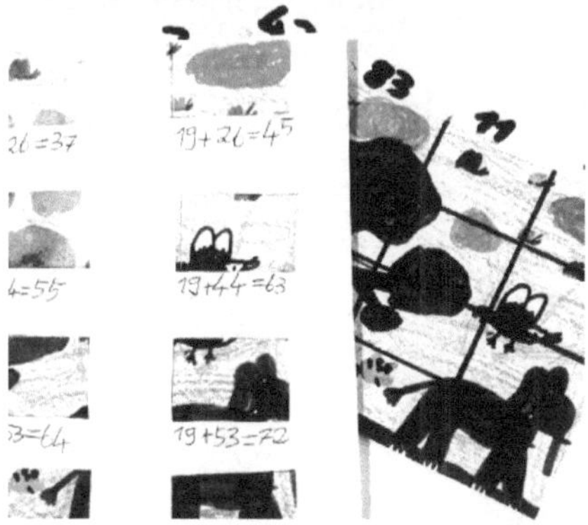

LERNTRICK 39 | PLUS- UND MINUSRECHNEN BIS 20

Dieses Spiel kann Dein Kind alleine oder mit anderen Kindern spielen. Es ist einfach vorzubereiten und auch erweiterbar.

Am Anfang kannst Du normale Plusaufgaben im 10er Raum definieren, also z. B. 4 + 5 = 9. Später kannst du aus den gleichen Stäbchen dann Reihenaufgaben im 20er Raum machen, also z. B. 4 + 5 **+ 7** = 16.

Mit neuen Stäbchen kannst Du im Anschluss einfache Minusaufgaben (also 2er Reihe) und später schwierigere Minusaufgaben auswählen, z. B. mit 10er Unterschreitung (12 – 7 = 5). Auch bei den Minusaufgaben sind natürlich Reihenaufgaben möglich.

Dieses Spiel kann Dein Kind in der ganzen 1. Klasse begleiten. Da Kinder gern im Wettbewerb stehen, ist die Lernmotivation beim Spielen mit Freunden sehr hoch.

Du brauchst: 20 Pappbecher und ca. 50 - 100 Holzstäbchen. Falls noch welche von der letzten Party übrig sind, gehen auch Plastikbecher und Plastikröhrchen. Wasserfeste Stifte werden zum Beschriften benötigt.

Vorbereitung: Beschrifte die Pappbecher mit den Zahlen 1 - 20 und die Stäbchen mit den Aufgaben. Entscheide je nach Schwierigkeitsstufe.

Spielanleitung: Lege die Stäbchen verdeckt auf den Tisch. Gib einem Kind alle Plusaufgaben, dem anderen Minus. Abwechselnd wird aufgedeckt und gerechnet, danach wird getauscht. Alternativ kann auch gegen die Zeit gespielt werden.

19-15
16-12
19-16
8-5
16-13
3

LERNTRICK 40 | PLUSRECHNEN MIT BEWEGUNG

Das Spiel eignet sich, wenn es spontan darum geht, wie viele Treppenstufen es bis zur Wohnung oder zum Klassenzimmer sind. Dein Kind (oder Du) gehst nach oben. Auf die Plätze-Fertig-Los!

Jeder zählt nun so schnell wie möglich die Stufen bis man sich in der Mitte wiedertrifft. Nun soll Dein Kind zusammenrechnen. Dann macht man die Probe, indem man das Spiel nochmals spielt. Das Spiel geht auch mit Pflastersteinen auf dem Weg zur Bäckerei oder mit Gehwegplatten im Garten. Gut an dieser Methodik ist, dass durch die Bewegung bei diesem Spiel die Rechenabläufe besser im Kopf verankert werden, speziell beim motorischen Lerntyp.

LERNTRICK 41 | DIE VERLIEBTEN ZAHLEN

Um auch in Zukunft schnell und sicher rechnen zu können, ist es für Grundschulkinder wichtig, die Grundlagen in Mathe zu beherrschen. Die „Verliebten Zahlen" spielen für dieses Verständnis eine große Rolle.

„Verliebte Zahlen" sind alle Zahlenpaare, die zusammen 10 ergeben, also z. B. 7 + 3 = 10 oder 5 + 5 = 10. Diese Zahlenpaare zu verinnerlichen, ist als Grundlage zum Rechnen in höheren Zahlenräumen wichtig.

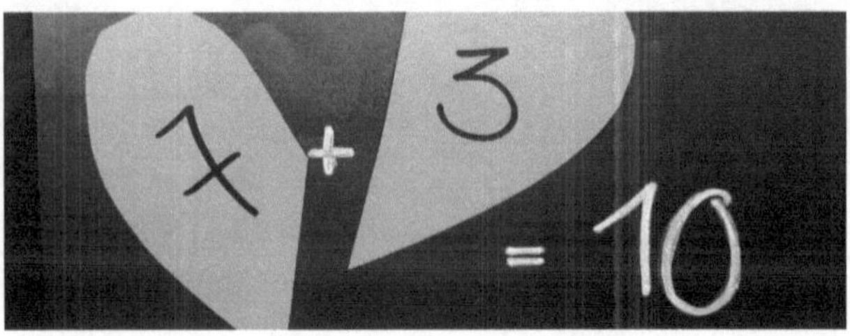

Schritt 1

Nimm einen roten Karton und schneide 9 Herzen aus.

Schritt 2

Falte alle Herzen in der Mitte und schreibe jeweils alle Zahlenpaare von 1 - 9 auf die Hälften, also z. B. 1 und 9, 2 und 8, 3 und 7 usw.

Schritt 3

Schneide die Herz-Paare auseinander

Schritt 4

Zur Vereinfachung kannst Du die eine Hälfte an der Rückseite markieren.

Schritt 5

Lege die Herzen verdeckt hin und decke solange auf (und wieder zu), bis ein Paar gefunden wurde.

2. Tricks zu Malrechnen und Teilen

Das kleine 1 × 1 ist nach Plus- und Minusrechnen der nächste große Entwicklungsschritt in Mathe.

Das Verständnis für die einzelnen Zahlen/Aufgaben ist hier nicht alles. Es ist sehr wichtig, die Aufgaben regelmäßig zu wiederholen. Nur so verankern sich die Lösungen im Langzeitgedächtnis Deines Kindes. Später kann es diese jederzeit abrufen.

LERNTRICK 42 | DAS KLEINE 1X1

Schreibe alle 1 × 1 Aufgaben auf kleine Zettel. Dein Kind wirft diese in Lösungsboxen bzw. pinnt sie an Wäscheklammern mit den Ergebniszahlen. Das kann sogar im Vorbeigehen passieren. Über einen längeren Zeitraum täglich fünf Aufgaben zu lösen, ist sehr effizient und erhöht das Verständnis weiter.

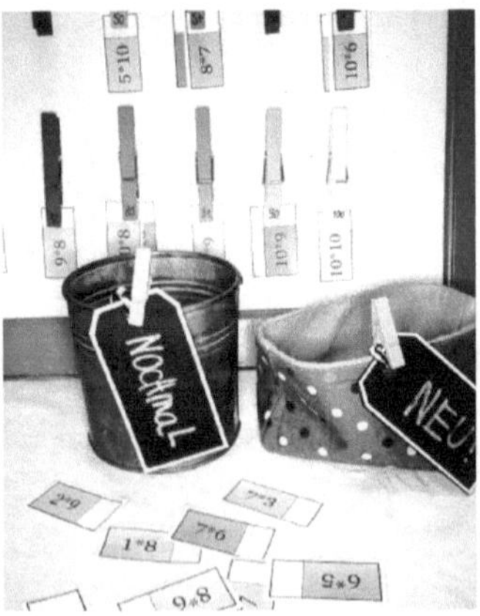

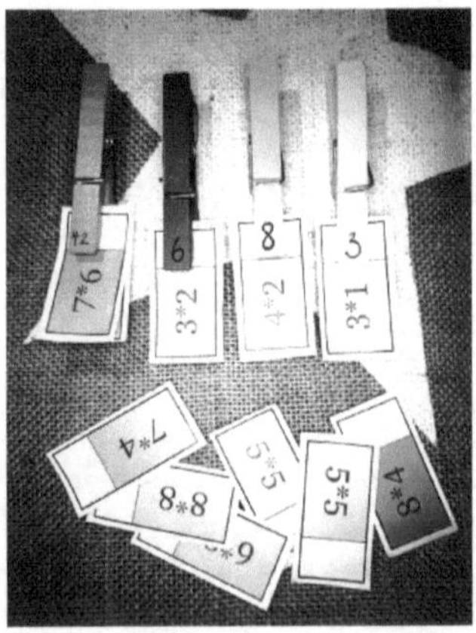

Um die Aufgaben und Lösungen ausdrucken zu können, findest Du einen Downloadlink am Ende des Buches.

LERNTRICK 43 | DER EINFACHE TRICK ZUR 9ER REIHE

Der einfache und in jeder Situation anwendbare Trick zur 9er Reihe geht so:

Du schaust Dir die Aufgabe genau an, nehmen wir z. B. die Aufgabe **9 x 4.**

Du rechnest erst mit der 10, also **10 x 4 =** 40.

Du ziehst dann von der 40 einmal die 4 wieder ab (**40 - 4**).

Das Ergebnis (die Zahl **36**) ist das Ergebnis der Aufgabe 9 x 4.

Ein anderes Beispiel:

Die Aufgabe ist 9 x 7 > Du rechnest 10 x 7 = 70 > Du ziehst die 7 von der 70 einmal ab > Das Ergebnis ist 63.

Dieser Trick lässt sich auf alle Aufgaben anwenden, die mit der 9 gerechnet werden.

Das Merkblatt mit den Herzen steht Dir als kostenloser Download zur Verfügung. Den Link findest Du am Ende des Buches.

LERNTRICK 44 | DER CLEVERE TRICK ZUR 9ER REIHE

Dieser Trick ist sehr clever, da Du die "Werkzeuge" dazu - die Hände - immer dabeihast. Du kannst nämlich ganz einfach die Malaufgaben mit der 9 an Deinen Händen ablesen.

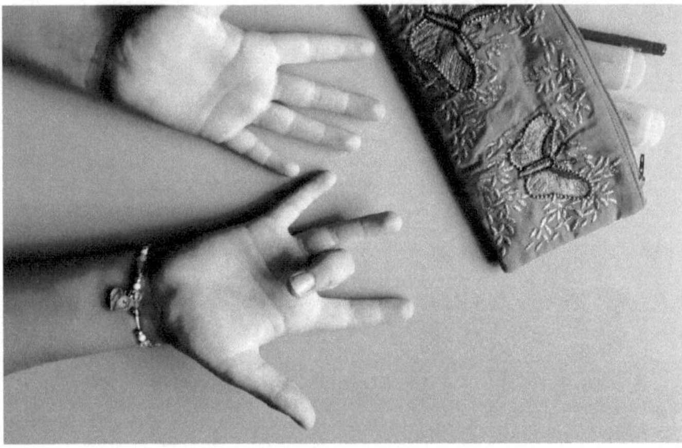

Das geht so:

- Du breitest Deine Hände mit den Handflächen nach oben vor Dir aus
- Du schaust Dir die Aufgabe nochmals genau an, z. B. 3 x 9
- Du nimmst den 3ten Finger von links und klappst ihn ein
- Du zählst die Finger links von dem eingeklappten Finger (2 Finger)
- Du zählst die Finger rechts neben dem eingeklappten Finger (7 Finger)
- Das zusammen ergibt die 27 (3 x 9 = 27

LERNTRICK 45 | DER MAGISCHE TRICK ZUR 9ER REIHE

Ein verblüffender Zaubertrick, mit dem Du Dein Kind überraschen kannst.

Oder noch besser: Du bringst ihn Deinem Kind bei. Dein Kind wird sich stark fühlen und alle Freunde damit überraschen können. So macht Mathe Spaß!

00
(Beliebige Zahl)
x 2
=
+ 00
(Beliebige Zahl)
=
- 00
(Beliebige Zahl)
=
x 18
=
Ergebnis
Dann:
Quer summe
bis es einstellig wird ist
9

- Gib einem Gast aus Deinem Zauber- Publikum einen Taschenrechner
- Sage ihm, er soll eine beliebige zweistellige Zahl eintippen (z. B. 30)
- Diese Zahl muss er dann mal 2 nehmen (30 x 2)
- Dann auf = drücken (30 x 2 = 60)
- Nochmals eine beliebige zweistellige Zahl dazu addieren (z. B. 30 x 2 = 60 + 43)
- Auf = drücken (30 x 2 = 60 + 43 = 103)
- Dann nochmals eine Zahl bis 99 abziehen (z.B. 30 x 2 = 60 + 43 = 103 - 71)
- Auf = drücken (30 x 2 = 60 + 43 = 103 - 71 = 32)
- Das alles mal 18 nehmen (30 x 2 = 60 + 43 = 103 – 72 = 32 x 18 = 576)
- Aus dieser Zahl die Quersumme bilden bis die Zahl einstellig wird (5 + 7 + 6 = 18 und 1 + 8 = 9)
- Nun bittest Du ihn, das Ergebnis nicht zu zeigen und sagst, dass Du es weißt. Simsalabim! Du schreibst das Ergebnis groß auf ein Blatt Papier......es ist die Zahl 9!

LERNTRICK 46 | DIVIDIEREN MIT GUMMIBÄRCHEN

Beim Verteilen von Süßigkeiten kann spielerisch und mit hoher Motivation Mathe geübt werden.

Lasse Dein Kind die Gummibärchen zählen. Dann darf es im Kopf ausrechnen, wieviel jeder Freund bekommt, danach Häufchen machen und als Probe wieder abzählen

LERNTRICK 47 | WÜRFELSPIEL ZUM MALRECHNEN

Würfel eignen sich hervor-ragend zum Rechnen. Sie sind günstig (jeder hat wahrscheinlich eine Spiele-sammlung zuhause) und schnell geholt. Sie können mit auf Reisen genommen werden und brauchen nicht viel Stauraum. Eine Möglichkeit zu spielen ist z. B., dass jeder Spieler 10-mal mit zwei Würfeln würfelt. Die Mitspieler schreiben sich das Ergebnis versteckt auf. Derjenige der die meisten richtig hat, hat die Runde gewonnen. Dieses Spiel kann mit allen Grundrechen-aufgaben - je nach Schwierig-keitsstufe - gespielt werden.

3. Geometrie

LERNTRICK 48 | GRUNDFORMEN GEOMETRIE

Bei diesem Spiel sind Gegenstände aus dem Alltag den geometrischen Formen zuordnen.

Dein Kind bekommt (pro Grundform) 5 min Zeit, Gegenstände aus dem Haushalt zu suchen und auf dem Esstisch bereitzulegen. Die geometrischen Grundformen kannst Du schon als Zeichnung vorbereiten. Das ist besser für das Verständnis.

- Kreis/Kugel
- Ellipse/Oval
- Rechteck/Quader
- Quadrat/Würfel

Zu welcher Form findet man am meisten? Stelle einen Wecker auf 5 min pro Form und los geht's!

4. Umgang mit Geld

LERNTRICK 49 | DER EIGENE KAUFMANNSLADEN

Einen guten Umgang mit Geld zu lernen, ist nicht nur „was fürs Leben", sondern auch sehr wichtig für das Rechenverständnis. Das Plus- und Minusrechnen zu lernen, während man sich das Geld für Süßigkeiten abzählt, ist logischerweise mit einer erhöhten Motivation verbunden.

Hier ist ein lustiges Spiel, das Dein Kind mit Dir oder auch mit Freunden spielen kann.

Du brauchst:

- Diverse Süßigkeiten im imaginären Wert von:
  3 x 0,30 €, 2 x 0,15 €, 2 x 0,20 €, 4 x 0,10 €, 1 x 0,45 €
- Geld für den Verkäufer:
  2,20 € Wechselgeld (Stückelung: 5 x 20 Cent +10 x 10 Cent + 4 x 5 Cent)
- Geld für den Kunden:
  2,30 € (Stückelung: 5 x 20 Cent, 10 x 10 Cent und 6 x 5 Cent)
- Papiere und Stifte für die Preisschilder und das Kaufmannsladen-Schild

- Kleiner Block und Stifte für die Kassenzettel
- Unterlage für den Laden, z. B. ein Holzbrett

Vorbereitung:

- Geld abzählen
- Preisschilder basteln
- Kaufmannsladen-Schild basteln
- Süßigkeiten anrichten
- Preisschilder dazulegen

Spielanleitung:

Abwechselnd spielen die Kinder entweder den Verkäufer oder den Kunden. Der Trick ist, dass im Kaufmannsladen Süßigkeiten im Wert von 2,45 € im Laden sind und der Kunde nur 2,30 € hat. Es muss also getüftelt und gerechnet werden.

5. Zahlenverständnis

LERNTRICK 50 | LERNSPIEL JAHRESKALENDER

Beim Lernen des Jahreskalenders geht es natürlich vorrangig um den Umgang mit der Zeit. Das richtige Einschätzen und das Verstehen von Zeiträumen ist ein wertvolles Rüstzeug für die Zukunft Deines Kindes.

Der Umgang mit dem Kalender kann auch das Zahlenverständnis stärken. Durch die Zahlenkombinationen (Tag/Monat) wird Dein Kind wieder ein Stück mehr erfahren, wie sich Zahlen verändern und in welchen alltäglichen Dingen Zahlen vorkommen.

Falls Dein Kind Steine sammelt, kannst Du jedes Mal das Datum auf den Stein schreiben, wenn es einen neuen Stein mitbringt. Dazu nimmst Du am besten deckende Lackstifte. Diese können dann z.B. im Hausflur in einem Korb oder einer Vase aufbewahrt werden.

Dein Kind kann dann die Steine nach Datum sortieren - statt nach Farbe. Es ist dabei nicht wichtig, dass von jedem Tag ein Stein dabei ist. Ganz im Gegenteil: alle Steine nach Tagen zu sortieren, gerade wenn welche fehlen, ist eine größere Herausforderung. Die meisten Kinder mögen das, sofern sie nicht komplett überfordert sind.

TRICKS UND LERNSPIELE: DEUTSCH

Lesen und schreiben zu können, ist elementar, um auch in anderen Fächern gut im Unterricht mitzukommen. In jedem Fach müssen schlussendlich Sachverhalte selbst erfasst und dann auch schriftlich wiedergegeben werden.

Noch wichtiger ist aber der Spaß im Alltag. Dein Kind ist stolz, selbst das Kinoprogramm zu lesen oder einer Freundin kurz einen Zettel zu schreiben oder eventuell eine WhatsApp am Handy der Eltern zu schreiben, um eine Verabredung zu planen. Was wären wir ohne Lesen und Schreiben?

Dass die Grammatik und Rechtschreibung dabei auch verstanden werden muss, um gut zu kommunizieren, ist klar. Am Anfang der Grundschule steht aber ganz klar das Lese-, Sprach- und Schreibverständnis im Vordergrund.

Die Tricks helfen Deinem Kind, bei diesen Kenntnissen gute Fortschritte zu machen und sie zu festigen. Sie sind wie immer einfach vorzubereiten, gut in den Alltag zu integrieren und mit viel Spaß zu üben.

In dem Fach Deutsch gibt es Tricks zu folgenden Themen:

- Lesen & Sprechen
- Schreiben
- Gedichte & Referate
- Rechtschreibung

1. Lesen und Sprechen

LERNTRICK 51 | LESEN IM MÄRCHENZELT

Lade einfach ein paar Schulkameraden Deines Kindes ein und lasse jeden eine kleine Lieblingsgeschichte mitbringen.

Das Märchenzelt ist mit ein paar Stoffen oder Wolldecken, einer Stange oder einem Seil und Wäscheklammern schnell aufgebaut.

Jedes Kind darf nun einen kleinen Teil seines Buches vorlesen und den Rest nacherzählen. Die anderen Kinder dürfen Fragen dazu stellen. Hier wird nicht nur zum Lesen motiviert, sondern auch das Nacherzählen und das wichtige (!) Zuhören geübt.

2. Schreiben

Heute werden in Deutschland zwei unterschiedliche Schreibschriften in den Schulen gelehrt:

Die vereinfachte Ausgangsschrift: Diese Schrift wird seit 1972 (damals in den alten Bundesländern) gelehrt. Sie ist von der lateinischen Schreibschrift abgeleitet, aber der Druckschrift angeglichen. Sie ist geradliniger und moderner als die Schulausgangsschrift. Den Unterschied sieht man z. B. an dem kleinen z und dem großen V und W.

Die Schulausgangsschrift: Diese Schrift wird seit 1968 (damals in den neuen Bundesländern) gelehrt. Sie ist runder als die vereinfachte Ausgangsschrift.

LERNTRICK 52 | SCHREIBEN IM ALLTAG

Übung macht beim "Schreiben lernen" den Meister! Es ist also wichtig, dass Dein Kind so oft wie möglich übt. Damit es nicht so "langweilig" ist (nur einzelne Wörter abschreiben), ist es gut, wenn man es in den Alltag integriert. Einkaufzettel zu schreiben, ist eine schöne Möglichkeit, speziell wenn das Kind noch eine Kleinigkeit für sich selbst aufschreiben darf. Einkaufszettel schreiben funktioniert schon im Laufe der 1. Klasse (Großbuchstaben) und setzt sich bis Ende der 4. Klasse sinnvoll fort (Schreibschrift mit Rechtschreibung).

LERNTRICK | 53 POSTKARTEN SCHREIBEN

Das Postkarten schreiben ist ähnlich einfach in den Alltag zu integrieren. Besonders für kreative Kinder ist es motivierend, die Postkarte selbst auszusuchen bzw. zu verzieren.

LERNTRICK 54 | SCHREIBSCHRIFT - PLAKAT

Beim Erlernen der Schreibschrift geht es sehr stark um das Verbinden der einzelnen Buchstaben. Das macht ein sauberes Schriftbild aus.

Das Lernen der einzelnen Schreibschrift-Buchstaben ist Grundvoraussetzung dafür. Da das meist nur durch viel Schreibübungen geht, wird es schnell öde.

Vielleicht lässt sich Dein Kind aber besser motivieren, wenn Du ein farbenfrohes Plakat mit den Buchstaben aufhängst? So sind die Buchstaben präsent und das Auge bleibt mal an dem einen oder anderen hängen und „spurt nach". Du kannst das Plakat kostenlos herunterladen und bis zur Größe A0 ausdrucken. Den Downloadlink findest Du auf der letzten Seite.

LERNTRICK 55 | SCHREIBSCHRIFT - ÜBEN MIT WOLLE

Dein Kind lernt am Anfang der Grundschule erst die Buchstaben in Großschrift und dann in Groß- und Kleinschrift, natürlich erstmal in Blockbuchstaben. In dieser Lernphase werden die Buchstaben nach und nach verstanden. Ein sehr großer Schritt ist es, aus diesen Buchstaben die ersten Wörter zu bilden.

Die nächste große Entwicklung ist die Einführung der Schreibschrift. Das erfordert eine bessere Feinmotorik und ein sehr konzentriertes Arbeiten.

Hier ist ein Trick, der Dir helfen kann: Lasse Dein Kind einfach den Esstisch schön decken und dekorieren. Natürlich gehört dazu auch, den Namen der Speisen auf den Tisch zu schreiben – mit Wolle. Das erfordert sehr viel Geschick. Durch das detaillierte Arbeiten an jedem Buchstaben, prägen sich die Buchstaben gut ein.

3. Gedichte und Referate

LERNTRICK 56 | GEDICHT AUSWENDIG LERNEN

Für viele Kinder ist es eine schwere Sache: Gedichte auswendig lernen. Ein sehr effektiver Trick für den visuellen Lerntyp (Lernen durch Sehen) ist es, das Gedicht zu malen. Dabei prägt sich das Gedicht als Bild ein. Das kann man dann während des Aufsagens abrufen. Probiere es selbst einmal aus. Es ist verblüffend.

LERNTRICK 57 | REFERATE HALTEN

Beim Referate halten ist die Vorbereitung das A und O!

Das wichtigste ist dabei die Struktur des Referates. Du solltest Dir viel Mühe beim Definieren der Teilbereiche geben und diese erst danach „füllen".

Für ein Referat zum Thema „Katze" können es z. B. die Teilbereiche 1. Arten, 2. Merkmale, 3. Ernährung, 4. Nachwuchs und 5. Kosten sein. Zu jedem dieser Themen soll Dein Kind recherchieren und sich Stichpunkte oder kleine Sätze notieren.

Der Trick ist dann ähnlich wie bei den Gedichten: die Themen werden nochmals auf ein Plakat gemalt bzw. die einzelnen Stichpunkte dazu geschrieben. Das Plakat kann frühzeitig immer wieder angeschaut, diskutiert und geübt werden. Das pure Vortragen des gesamten Referates kann erst relativ spät geschehen, wenn sich der Inhalt eingeprägt hat.

So ist ein Vortragen einfacher und das Selbstbewusstsein dadurch gestärkter: „Es läuft ja ganz gut".

Lerne mit Deinem Kind den Einstiegssatz auswendig. So bekommt es mehr Selbstvertrauen für das restliche Referat. Wenn der Start gut ist, geht der Rest auch besser.

4. Rechtschreibung

LERNTRICK 58 | GROẞ- UND KLEINSCHREIBUNG

Die Regeln zur Groß- und Kleinschreibung werden schon ab der 1. Klasse gelernt und können für Dein Kind eine ganz schön große Herausforderung sein. Manchmal sogar noch für uns Erwachsene.

Bei diesem Kartenspiel lernt Dein Kind spielerisch die Regeln. Dieses Spiel kann Dein Kind mit seinen Freunden allein und ohne Deine Hilfe spielen, da die Wörter selbständig kontrolliert werden können.

Bei der Erklärung der Regeln können sich die Kinder gegenseitig helfen. Manchmal ist es aber gut, wenn ein Erwachsener in der Nähe ist, um eventuelle Fragen zu beantworten.

Du brauchst dafür:

Spielkarten (jeweils ein Paar zu jedem Wort), Lösungsblätter (mit der jeweils richtigen Rechtschreibung)

Vorbereitung:

Schneide die Kärtchen aus. Die Lösungsblätter müssen angeschnitten und geknickt werden. Der Link zu den Vorlagen findest Du am Ende des Buches.

Spielanleitung:

Lege die Karten verdeckt aus. Die Lösungsblätter müssen so liegen, dass man immer nur die Grafik sieht. Es müssen Paare gefunden werden. Allerdings darf der Spieler das Paar nur behalten, wenn es die richtige Groß- und Kleinschreibung erklären kann. Ansonsten werden die Karten gesammelt und zur nächsten Runde nochmals verwendet.

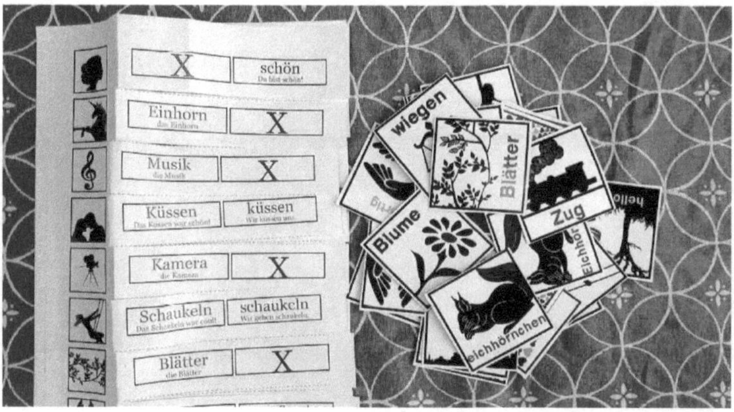

Die wichtigsten Rechtschreibregeln

Groß- und Kleinschreibung

Großschreibung immer, wenn:

Wenn ein neuer Satz beginnt: Das erkennst Du an den Satzzeichen Punkt, Ausrufezeichen und Fragezeichen. Nach einem Doppelpunkt im Satz, wird das Wort nicht extra groß geschrieben.

Wenn das Wort ein Name ist: z. B. von einer Person, einer Stadt, einer Blumenart (Stefan, Berlin, Rose).

Wenn ein Artikel (der, die, das) davorgesetzt werden kann: der Sommer, die Liebe, das Museum.

Wenn Du das Wort hören, riechen, sehen oder anfassen kannst: z. B. die Musik, der Apfel, die Schuhe, das Schlagzeug.

Wenn eine Zahl davorsteht: wie z. B. „zwei Elefanten“, „fünf Bücher“.

Wenn ein beschreibendes Wort davor steht (Adjektiv): also z. B. „großer Baum“ oder „grüner Rock“.

Wenn das Wort mit folgenden Endungen endet: -ung, -keit, -heit, -lein, -chen, -sel, -tion, -schaft, -nis, -sal, -tum und -ling, wie z. B.: Zeugnis, Säugling, Heiterkeit und Mannschaft.

Wenn ein Pronomen davor steht (mein, dein, unser) wie z. B. bei „deine Schallplatte“, „unser Blumenbeet“, „mein Fahrrad“.

Kleinschreibung immer, bei:

Artikeln: der, die, das, ein usw.

Beschreibende Wörter (Adjektive): z. B. schön, gut, toll usw., auch wenn ein Artikel („der“, „die“, „das“) davorgesetzt wird. Dann bezieht sich der Artikel nämlich auf das nächste Wort. Hier sind Beispiele: „Der schöne Mann“, „Das tolle Foto“.

Bei allem, was Du tun kannst: z. B. rennen, spielen, springen (Verben).

Wenn ein „ist“ davor gesetzt werden kann: z. B. bei „Sie ist schön.“, „Das Bild ist bunt.“, dann schreibe das Wort immer klein.

Adjektive/Verben weden manchmal groß geschrieben: Diese kleingeschriebenen Wörter schreibt man allerdings dann wieder groß, wenn sie zu Hauptwörtern (Substantiven) werden. Das merkst Du, wenn ein der, die, das, beim (bei dem) oder zum (zu dem) davorgesetzt wird:

„Ich spiele.“(Verb)	>>>	„Ich gehe zum Spielen.“
„Ich renne!“ (Verb)	>>>	„Das Rennen ist toll“
„Das neue Kleid.“ (Adjektiv)	>>>	„Das Neueste!“

Sie werden ebenfalls groß geschrieben, wenn davor eine Besitzangabe steht („unser **Küssen**“, „mein **Tanzen**“) oder wenn eine Mengenangabe davorsteht („viel“, „wenig“, „etwas“, „nichts“, „alles“, „manches“ oder „genug“) wie bei „etwas **Essen**“, „wenig **Springen**“ oder „genug **Turnen**“.

Doppelte Buchstaben und ck, tz, ss/ß

Wenn einer der Selbstlaute Vokale (a, e, i, o, u) oder der Umlaute (ä, ö, ü) kurz gesprochen wird, dann schreibt man danach meistens einen doppelten Buchstaben (Konsonanten), wie z. B. bei:

- der **Hütte** (das ü wird kurz gesprochen) oder die **Hüte** (das ü wird lang gesprochen)
- **Wasser** (das a kurz) oder **Vase** (das a lang)
- **Sommer** (kurzes O) **Oma** (langes O)
- **Risse** (kurzes i) **Riese** (langes i, in dem Fall ie)

Das Scharf-s (ß) wird nach einem langen Vokal verwendet, z. B. bei der Straße, den Maßen oder bei Wörtern wie Spaß, groß, Fuß. Das Scharf-s wird außerdem auch nach Doppellauten (au, eu, ei, äu) geschrieben: **Weiß, draußen, Schweiß**.

Das k wird nach kurz gesprochenem Vokal nicht zu kk sondern zu ck (**backen**, **Dackel**) und das z nicht zu zz sondern zu tz (**Hitze**, **Spitze**, **Witz**). In Fremdwörtern gibt es kk und zz aber, z. B. **Pizza** und **Mokka**.

i/ie

Wird das i lang gesprochen wird es meistens zum ie (**Biene**, **Frieden**). Es gibt Ausnahmen, wie z. B. **Kino** oder **Krokodil**. Diese Ausnahmen müssen extra gelernt werden.

st/sp

Am Anfang des Wortes (auch bei Doppelwörtern) wird die Lautfolge scht als st geschrieben, die Lautfolge schp als sp, z. B. **St**all und Kuh**st**all.

Der Buchstabe h

Für die Schreibung des h, wie z. B. in **Bahn**, **früher** oder **Kuh** gibt es keine verlässliche Regel. Diese Wörter müssen gelernt werden.

LERNTRICK 59 | MIT BUCHSTABEN SPIELEN

Ein schönes Spiel für lange Autofahrten: Spaßsätze zu den einzelnen Buchstaben erfinden. **Hier sind Beispiele zu fast jedem Buchstaben:**

A „Arme Adlige angeln Aale am Aschermittwoch."

B „Barmherzige Bienen bringen befreundeten Bären blaue Bikinis."

C „Chronisch cholerische Cabriofahrer cremen charmante Chemiker."

D „Durstige Drachen donnern durch das duftende Düsseldorf."

E „Elf elegante Esel essen entspannt erbsengroße Extrawürste."

F „Fünf friedliche Ferkel feiern Ferien."

G „Glückliche, geblümte Gummitiere gewinnen gackernd gegen grüne glibberige Gespenster geschmackvolle Grimassen-wettbewerbe."

H „Hündemüde Haie humpeln hinter hübschen Heringen her."

I „Interessierte Igel irren irgendwann immer instinktiv in Irrgärten."

J „Jodelnde Jungs jonglieren jubelnd Johannisbeeren-Jogurt.“

K „Kleine kichernde Kobolde kutschieren klappernd Kaugummi kauende Königinnen kilometerweit.“

L „Liebenswerte Lamas lutschen lustige Lollis.“

M „Mutige Monster machen meistens munter Mist.“

N „Nur nackige Nichtschwimmer nölen nachts nach Nachttisch.“

O „Opa opfert Omas öde Orangen orientalischen Osterhasen.“

P „Pinke Papageien plappern patschnassen Pudeln praktische Praxistipps.“

Q „Quicklebendige Quallen quasseln Quark.“

R „Rüstige Raben rodeln rasend Richtung Rolltreppe.“

S „Sieben süße Seifen seifen sieben schwarze Socken sauber.“

ST „Stotternde Stiere stören störrische Stuten stündlich.“

T „Traumhafte Traktoren tuckern taktvoll tollen Takt.“

U „Unfassbar ulkige Uhus unternehmen unerwartet Unsinn.“

V „Verliebte Vampire vergessen viele verrückte Verbote.“

W „Wache Wale wirbeln widerspenstige Wellen wahnsinnig wild.“

Z „Zapplige Zebras zählen zankend zwölf zuckersüße Zwetschgen.“

LERNTRICK 60 | ESELSBRÜCKEN

Eselsbrücken helfen sehr gut beim Lernen der Rechtschreibregeln. Durch das Einprägen der Eselsbrücke befasst sich Dein Kind mit der Regel, was an sich schon positiv ist. Beim Abrufen prägt sich die Rechtschreibregel nach und nach immer mehr ein. **Hier sind die Top 15 Eselsbrücken für die deutsche Rechtschreibung:**

dass/das

Das „s" bei „das" muss einsam bleiben,
kann man dafür „dieses", „jenes", „welches" schreiben.

Groß- und Kleinschreibung

-heit und -keit und -ung und -schaft
-tum und -nis und -chen und -lein,
schreibt man groß und niemals klein.

Nach am, ans, vom, zum und beim
schreib Verben niemals klein.

seid/seit

Gehört seit zu einer Zeit,
sorge nicht mit „d" für Heiterkeit.

wider/wieder

Wenn „wider" nur dagegen meint, dann ist das „e" dem „i" stets Feind und wenn „wieder" nur noch einmal meint, dann sind dort „i" und „e" vereint.

Wörter zusammenschreiben

Gar nicht wird gar nicht zusammengeschrieben.

Auf einmal schreibt man zweimal.

ss/ß

Die kurze Gasse, die lange Straße. *(Die Länge des Vokals entscheidet.)*

Anführungszeichen

Da wo man redet, sagt und spricht, vergiss die kleinen Zeichen nicht.

Komma-Regeln

Kannst du Adjektive mit „und" verbinden, solltest du stets das Komma vorfinden.

Verlängerung von Wörtern mit Doppel-Buchstaben: ll, mm, ss

Einmal doppelt gemoppelt, immer doppelt gemoppelt.

T/D oder G/K

Steht am Ende „g" oder „k", muss man verlängern, ist doch klar.

Steht am Ende „t" oder „d", muss man verlängern, ist doch klar.

nämlich

Wer nämlich mit „h" schreibt, ist dämlich.

LEHRPLÄNE KLASSE 1 – 4

Nicht jedes Kind lernt gleich schnell. Manche Kinder scheinen langsamer zu sein, als andere. Manche Kinder langweilen sich, weil sie zu schnell sind. Um selbst gut zu beurteilen, was Dein Kind noch zu lernen hat, ist ein Überblick über die wichtigsten Lerninhalte der Klasse gut. So kannst Du verstehen, was noch zu erreichen ist und erkennen, wo Dein Kind schon gute Fortschritte macht und wo nicht. Keine Angst, falls Dein Kind zu den "Langsamen" gehört. Meistens machen die Kinder plötzlich starke Fortschritte und holen auf. Voraussetzung ist, dass sie alles haben, was sie brauchen: Förderung im Lernstoff UND genug Erholung und Anerkennung dazwischen. Hier findest Du einen groben Überblick zu den Lehrplänen in den Klassen 1- 4 in Mathe und Deutsch. Es gibt zu den einzelnen Lernzielen Tipps, die das proaktive Lernen oder das Aufholen einfacher machen. Die Lehrpläne bieten nur einen groben Überblick. Je nach Bundesland können Abweichungen möglich sein. Grundsätzlich sind aber die Klassenziele sehr ähnlich.

Der Fokus in der 1. Klasse ist das Lesen und Schreiben lernen sowie das Zahlen- bzw. Rechenverständnis und die Einführung in die Geometrie.

Das Lernziel in der 2. Klasse ist das Verfestigen der Schreibschrift und das erste Verständnis der Rechtschreibung und Grammatik. Mit den Grundrechenarten bis 100 sollte sicher umgegangen werden.

Das Lernziel der 3. Klasse ist die Verfestigung der Rechtschreibung. Das Erfassen und Zusammenfassen von Sachverhalten wird trainiert. In Mathe ist der Umgang mit dem Zahlenraum bis 1000 sowie schriftlichen Aufgaben ein Ziel. Geometrie spielt eine größere Rolle.

In der 4. Klasse ist das selbständige Arbeiten ein Hauptfokus. In Mathe wird bis in den Zahlenraum zu 1 Mio. gerechnet. In Deutsch spielt nach wie vor die Rechtschreibung eine große Rolle. Grammatik, eigene Texte und Referate werden intensiver behandelt.

Lernstoff Klasse 1: Deutsch

1. Sprechen und Zuhören

Lernziel: Dein Kind festigt seinen Wortschatz. Es lernt Gesprächsregeln und wendet diese u. a. in Konflikten an. Es lernt zuzuhören und sich der Situation entsprechend auszudrücken.

Tipps & Übungsmöglichkeiten: Dein Kind wird dies nur verinnerlichen, wenn es in seinem Umfeld auch Kommunikationsregeln gibt und viel gesprochen wird. Hier ist es wichtig, bewusster auf die eigene Sprache (und der in den konsumierten Medien) zu achten.

2. Lesen

Lernziel: Buchstaben müssen erkannt werden und erschließen sich zu Wörtern und Sätzen. Texte werden sinngemäß erfasst. Dein Kind wird die Fähigkeit erlangen, kleine Texte zu reflektieren. Es startet den Umgang mit verschiedenen Medien u. a. dem Computer und der Bücherei.

Tipps & Übungsmöglichkeiten: Lesen braucht Geduld! Lieber dem Kind leichte Wörter bzw. kleine Worteinheiten zum Üben geben, als zu viel und zu komplizierten Text und dann ständig abzubrechen. Auch hier gilt: Übungen so oft wie möglich in den Alltag zu integrieren, am besten unbemerkt vom Kind. Also nicht ankündigen, sondern eher: Kannst Du mal kurz die Bio-Milch in den Einkaufswagen legen?

3. Schreiben

Lernziel: Das Ziel ist es, sich schriftlich auszudrücken. Dein Kind entwickelt ein Rechtschreibbewusstsein und wird - ausgehend von der Druckschrift - die Schreibschrift lernen, die zu seiner Handschrift führen wird.

Tipps & Übungsmöglichkeiten: Hier ist tatsächlich Üben das A und O! Egal, ob Dein Kind sich leicht oder schwer tut, jeden Tag ein paar Sätze (dem Entwicklungstand entsprechend!) zu schreiben, wird unerlässlich sein. Integriere es in Deinen Alltag, z. B. lasse eine Geschenkeliste für den Geburtstag schreiben etc.

Lernstoff Klasse 1: Mathe

1. Plus- und Minusrechnen im 5er / 10er / 20er Raum

Lernziel: Das Ziel ist es, dass Dein Kind sich in diesen Zahlenräumen sicher bewegen kann. Die Überschreitung vom 10er Raum in den 20er Raum ist dabei sehr wichtig. Alle möglichen Aufgabenkombinationen bis zur 20 werden gelöst.

Tipps & Übungsmöglichkeiten: Gerade die Aufgaben bis 10 müssen immer abrufbar sein. Diese Aufgaben sind die Basis für alle weiteren Aufgaben in der ganzen Schulzeit. So oft wie möglich wiederholen.

2. Zahlentabellen/Rechenketten

Lernziel: Dein Kind erkennt anhand des unterschiedlichen Lernmittels Muster und Strukturen, es nutzt Gesetzmäßigkeiten und Strategien beim Rechnen.

Tipps & Übungsmöglichkeiten: Ob es nun Zahlenfolgen, Tauschaufgaben oder Tabellen sind: es wird Deinem Kind in den kleinen Zahlenräumen somit klar, wie Rechen grundsätzlich funktioniert und so erhöht sich das logische Verständnis.

3. Geldbeträge

Lernziel: Hier werden die Grundrechenarten in Alltagssituationen trainiert, genauso wie das Bewusstsein für Größenverhältnisse, ähnlich wie beim Wiegen und Messen. Dein Kind wird danach Beträge verstehen und bezahlen können.

Tipps & Übungsmöglichkeiten: Mit dem Übungsfeld „Geld" kann man sehr viel mit leichten Mitteln erreichen. Die Motivation ist sehr hoch, da Gegenstände in den Besitz Deines Kindes wandern könnten und man übt automatisch die Grundrechenarten und das Verständnis für Verhältnisse.

4. Messen/Wiegen

Lernziel/Inhalt: Beim Messen und Wiegen wird das Verständnis für Größeneinheiten trainiert.

Tipps & Übungsmöglichkeiten: Kuchen backen ist hier ein Klassiker. Dein Kind kann alle Zutaten abwiegen. Es gibt aber noch andere Möglichkeiten: Briefe und Pakete für den Postversand: Welche Briefmarke kommt drauf? Wie dick ist die Melone? Wie groß bist Du geworden? Und Mama? Und Papa?

Lernstoff Klasse 2: Deutsch

1. Sprechen und Zuhören

Lernziel: Gedichte kann Dein Kind auswendig lernen und vortragen. Erste kleinere Texte werden zusammengefasst und frei nacherzählt. Märchen werden gelesen, verstanden und nacherzählt. Der Wortschatz wird erweitert.

Tipps & Übungsmöglichkeiten: Falls dein Kind schon lesen kann, empfiehlt es sich immer wieder, nach Gelesenem zu fragen. Dabei kann stark darauf geachtet werden, wie das Gelesene nacherzählt wird.

2. Schreiben/Rechtschreibung

Lernziel: Die Buchstaben in Schreibschrift werden weiter geübt und nach der zweiten Klasse sollte Dein Kind seine Handschrift gebildet haben. Es wird weitere Wortarten kennenlernen und grammatikalisches Verständnis bilden. Die Groß- und Kleinschreibung wird beherrscht. Dein Kind weiß, was ein Substantiv in Ein- und Mehrzahl ist. Es wird unterschiedliche Satzformen erkennen, z. B. Aussagesatz, Fragesatz oder Aufforderungs-satz. Außerdem werden Satzendungen mit Satzschlusszeichen behandelt.

Tipps & Übungsmöglichkeiten: Um auch in anderen Fächern gut mitzukommen, ist es sehr wichtig, dass die Schreibschrift am Ende der 2. Klasse sitzt. Es muss nicht ganz so sehr auf die Rechtschreibung geachtet werden, aber auf das relativ flüssige Schreiben. Das Schreiben üben kann super in den Alltag integriert werden: Einkaufszettel, Kalender, Postkarten etc.

3. Umgang mit Medien

Lernziel: Dein Kind versteht den Grundumgang mit dem PC, u. a. das Hoch- und Runterfahren, die Maus und Tastatur. Es kann kleine Texte selbständig mit dem PC schreiben.

Tipps & Übungsmöglichkeiten: Der verantwortungsvolle Umgang mit Medien kann nicht nur theoretisch gelernt werden. Im praktischen Anwenden bist auch Du als Elternteil in der Vorbildfunktion. Dabei zählt nicht nur die reine Zeit, in denen Dein Kind die Medien nutzen kann, sondern besonders, wie schnell es sich losreißen kann, wenn es z. B. Essen gibt. Das ein Handy bzw. Tablet auch weggelegt werden muss, wenn man z. B. Besuch hat, versteht sich von selbst.

Medien können beim Schreiben lernen sehr behilflich sein. Lasse Dein Kind gern am PC oder auch am Handy an die Freunde schreiben (also wahrscheinlich den Eltern der Freunde) oder den Großeltern. Falls Dein Kind schon ein Handy hat, dann kannst Du auch gern die Sprachnachrichten einschränken und stattdessen auf das geschriebene Wort bestehen.

Lernstoff Klasse 2: Mathe

1. Zahlenraum bis 100

Lernziel: Dein Kind rechnet Aufgaben bis 100 in allen 4 Rechenarten mit Notizen und im Kopf. Das 1 x 1 wird besonders mit den Zahlen 1, 2, 5, 10 schnell und flexibel angewandt. Der Aufbau der 100er Tafel wird verstanden. Dein Kind löst die ersten Kombinationsaufgaben.

Tipps & Übungsmöglichkeiten: Kurze regelmäßige Übungseinheiten und Übungsspiele zu den Grundrechenarten helfen mehr, als ab und zu lange zu pauken. Du solltest hier keine Kompromisse machen. Kombinationsaufgaben können sehr gut im Alltag trainiert werden: Wenn wir 7 Tage im Urlaub sind, wieviel Paar Socken brauchst Du? Wieviel einzelne Socken sind das? Und wenn das Sockenpaar im Schnitt 2 € kosten, welchen Wert haben dann Deine Socken?

2. Geometrie

Lernziel: Es werden Formen untersucht und vermessen. Dein Kind fertigt die ersten einfachen geometrischen Zeichnungen an.

Tipps & Übungsmöglichkeiten: Hier kannst Du am besten helfen, indem Du Dein Kind im Alltag bei bestimmten Gegenständen nach dem Namen fragst (Zylinder, Kugel, ...) und nochmals die Gesetzmäßigkeiten dazu besprichst. Der erste Umgang mit dem Geodreieck kann geübt werden.

3. Größenverhältnisse

Lernziel: Größenverhältnisse in Bezug aufs Messen, Wiegen und dem Umgang mit Geld werden verfestigt. Dein Kind wird den Umgang mit Zeit lernen, als Basis dafür wird die Uhr verstanden und mit Uhrzeiten gerechnet. Auch mit dem Jahreskalender wird sich beschäftigt.

Tipps & Übungsmöglichkeiten: Jetzt ist eine gute Möglichkeit, das Taschengeld einzuführen, falls es nicht schon passiert ist. Der Umgang mit der Uhr kann mit einer Armbanduhr oder Stoppuhr bzw. einem Wecker unterstützt werden. Es dauert verhältnismäßig lange, bis Dein Kind Zeit selbst gut einschätzen kann. Kleine Zeiteinheiten immer wieder üben: „Schaffst Du es in 5 Minuten, Deine Spielsachen wegzuräumen?" Dann: „Du hast genau 4 Minuten gebraucht, toll!"

Lernstoff Klasse 3: Deutsch

1. Sprechen und Zuhören

Lernziel: Es werden die Gesprächsregeln vertieft, besonders das Zuhören wird nochmals besonders gestärkt. Auch das freie Reden ist hier ein wichtiger Bestandteil des Klassenzieles. Das wird mit dem Vortragen und Halten von Referaten auch in anderen Fächern mit unterstützt. Dialekte und Fremdsprachen werden angesprochen.

Tipps & Übungsmöglichkeiten: Gesprächsregeln und ein freundliches Miteinander sollten jetzt eingeübt sein. Dein Kind muss diese sozialen Regeln jetzt verstehen. Falls nicht, helfen nochmals klare Regeln im Familienalltag, die konsequent durchgesetzt werden. Das freie Sprechen kann weiterhin durch das Nacherzählen von Buchinhalten bzw. Filminhalten geübt werden. Für sich und andere schreiben.

2. Für sich und Andere schreiben

Lernziel: Es wird das Aufschreiben von Eindrücken geübt, dabei wird auf Detailtreue geachtet. Zusätzlich wird Wert darauf gelegt, für eine bestimmte „Zielgruppe" zu schreiben und das Geschriebene so stilistisch anzupassen.

Tipps & Übungsmöglichkeiten: Hier kann sehr einfach mit Postkarten geübt werden. Weil es eine Kurzfassung des Erlebten ist, ist hier das Detail wichtig. Die Zielgruppe ist beim Postkarten schreiben ja klar: der Oma wird anders geschrieben als der Freundin. Eine andere Möglichkeit ist die Einladung zur Geburtstagsparty. Die Einladung für die Verwandten zu Kaffee & Kuchen wird anders formuliert als die Einladung zur Kinderdisko für die Freunde.

3. Richtig schreiben

Lernziel: Die Rechtschreibung wird mit weiteren grammatikalischen Regeln vertieft, u. a. ss, ß und Trennregeln. Der Satzbau wird untersucht und Satzzeichen werden gelernt.

Tipps & Übungsmöglichkeiten: Jetzt können konkret die Eselsbrücken eingeführt werden. Rechtschreibfehler müssen jetzt berichtigt werden. Baue aber keinen Druck bei den Regeln auf, die Dein Kind noch nicht in der Schule gelernt hat. Wenn Dein Kind z. B. den Urlaubsplan oder den Wochenplan schreibt, kann dieser diktiert und berichtigt werden. Achte darauf, ganze Sätze zu verwenden und keine Stichpunkte, wie sonst üblich.

4. Lesen / Mit Medien umgehen / Buch / PC

Lernziel: Unterschiedliche Schreibstile und Bucharten werden kennengelernt, z. B. Sachbuch, Comic, Hörbuch. Der Sinn hinter der Geschichte wird verstanden und/oder recherchiert. Aufbau und Ordnungsstruktur eines Buches werden behandelt. Außerdem wird die Medienkompetenz in Bezug auf Fernsehen sensibilisiert. Am PC werden grundlegende Schreibfunktionen gelernt, u. a. Absatz, Schriftgrößen usw.

Tipps & Übungsmöglichkeiten: Ein Tag in der Bibliothek wird z. B. als „Mama/Kind" bzw. „Papa/Kind"-Tag gestaltet und dabei wird auch mal in die Erwachsenenabteilung gegangen. Manchmal tut es auch der Bücherschrank zuhause: Die besten Bücher (also Lieblingsbücher von Dir) zu jedem Genre werden gemeinsam ausgesucht. Die Schreibfunktion am PC kann gut mit einem Rechtschreibdiktat (E-Mail an die Großeltern, Buchung einer Geburtstagsparty) geübt werden.

Lernstoff Klasse 3: Mathe

1. Ausbau von Wahrnehmung und Vorstellung

Lernziel: Dein Kind erweitert seine Größenvorstellungen zu Länge, Zeit und Masse. Durch Nutzung von Alltagsbeispielen entwickelt sich eine sichere Anwendung von Größeneinheiten.

Tipps & Übungsmöglichkeiten: Museumsbesuche sind hier von Vorteil. Da wird oft das Größte, Längste, Kleinste von irgendwas ausgestellt. Hier kann verglichen werden: Wie groß war das größte von XYZ, das Du gesehen hast?

2. Arbeiten mit geometrischen Objekten, Zahlen, und Größen

Lernziel: Das bisher Gelernte wird selbständig in vielfältigen Aufgabenstellungen angewendet. Durch schriftliches Rechnen erweitert sich der Zahlenraum bis 1000. Im geometrischen Bereich lernt dein Kind weitere Objekte kennen und versteht die Verbindung zu Zahlenmustern und -strukturen.

Tipps & Übungsmöglichkeiten: Jetzt steht nicht mehr so sehr das Kopfrechnen, sondern das schriftliche Rechnen im Vordergrund. Motiviere also Dein Kind auch gern mal dazu, Alltagsrechnungen vorzuehmen, wie z. B. sein gespartes Geld zu zählen und schriftlich zu berechnen.

3. Beherrschen von Mathe-Theorie und Erfassung von mathematischen Fragestellungen

Lernziel: Dein Kind wird jetzt in der Lage sein, mathematische Probleme zu analysieren und die passende Strategie zur Lösung selbständig anwenden. Beim Lösen bisher unbekannter Aufgaben werden bekannte Rechenwege ausprobiert. Sachverhalte und Rechenwege können mit eigenen Worten wiedergeben und erläutert werden. In diesem Alter ist das gemeinsame Erarbeiten von Lösungen mit Mitschülern durch sicheren Gebrauch von mathematischen Fachbegriffen möglich.

Tipps & Übungsmöglichkeiten: Falls Du nicht so sicher in den mathematischen Fachbegriffen bist, jetzt lohnt es sich, die korrekten Begriffe nochmals aufzufrischen und anzuwenden. Das Üben von Textaufgaben hilft, falls Dein Kind sich generell mit dem Beschreiben von Sachverhalten schwertut. Fordere Dein Kind öfters auf, auch in Textform zu antworten, auch wenn nur die Lösungszahl verlangt wird.

Lernstoff Klasse 4: Deutsch

1. Sprechen und Zuhören

Lernziel: Dein Kind kann selbständig auch komplexere Gespräche führen und Sachverhalte zusammenfassen, sowie durch Zuhören auf den Gesprächspartner eingehen. Es kennt alle Formregeln zum Kommunizieren und Vortragen und wendet diese an.

Tipps & Übungsmöglichkeiten: Zur Vorbereitung auf die 5. Klasse kann hier nochmals das Referat geübt werden, vielleicht wieder mal an einem Thema, das Deinem Kind am Herzen liegt. Das kann z. B. ein Musikstar sein, dessen Biografie, Diskografie und Musikstil vorgestellt werden.

2. Schreiben/Rechtschreibung

Lernziel: Die formalen Regeln im Schreiben werden eingehalten. Unter anderem werden folgende Rechtschreib- und Grammatikregeln beherrscht: Verb, Substantiv, Artikel, Adjektiv, Pronomen, Nominativ, Präsens, Präteritum, Perfekt, Futur, Subjekt, Prädikat, Einzahl, Mehrzahl, Grundform, Personalform, Wortstamm, Endung, Vorsilbe, Nachsilbe, Grundstufe, Mehrstufe, Meiststufe, Zeitform, Satz, Satzschlusszeichen, Aussagesatz, Fragesatz, Aufforderungssatz, Ausruf, Satzglied, Satzkern, Ergänzung, wörtliche Rede, Redebegleitsatz, Anführungszeichen, Doppelpunkt. Der Umgang mit dem Rechtschreibregelbuch gehört zum Lernen dazu. Der Orientierungswortschatz wird beherrscht.

Tipps & Übungsmöglichkeiten: Rechtschreibregeln sind ein Lernthema. Dabei helfen zwar Eselsbrücken und auch spielerisches Herangehen, am Ende muss man aber Regel für Regel verstanden haben und auch die Ausnahmen dazu. Außerdem gibt es auch einige Wörter, die schlichtweg einfach auswendig gelernt werden müssen, da sie keiner Regel unterliegen und eine regelmäßige Fehlerquelle sind.

3. Lesen/Umgang mit Medien

Lernziel: Es wird fließend gelesen und auch bei Fremdwörtern werden die Zusammenhänge verstanden. Komplexere Sachverhalte können zusammengefasst werden. Die Nutzung von Büchern und (teilweise) Medien zur Recherche sollte zu den Basisfähigkeiten gehören.

Tipps & Übungsmöglichkeiten: Fordere das Lesen von unterschiedlichen Büchern. Der Roman und/oder Comic wird wahrscheinlich bei Deinem Kind im Vordergrund stehen. Animiere aber auch immer wieder zu Sachbüchern z. B. „Wie ist ein Raumschiff aufgebaut?“ und „Wie werden Pferde gepflegt?“. Eine aktive Mitgliedschaft in der Bücherei sollte zum Standard gehören. Sei beim Umgang mit Medien nach wie vor kritisch. Nicht nur die Gesamtzeit zählt, sondern auch die Schnelligkeit, in welcher Dein Kind sich vom Handy lösen kann und wie schnell es sich ohne Handy langweilt. Die wichtigste Regel: Handyverbot in Kommunikations-Situationen (Abendbrot, Besuch der Freunde...).

Lernstoff Klasse 4: Mathe

1. Vertiefung von Wahrnehmungs- und Vorstellungs-Fähigkeit / Geometrie

Lernziel: Dein Kind ist in der Lage, mit seinem räumlichen Vorstellungsvermögen geometrische Fragestellungen zu erfassen und mit passendem Werkzeug zu lösen. Es dringt immer tiefer in die Begriffe Länge, Zeit, Masse und Rauminhalt ein und wendet sie sicher an. Das Kind schätzt, misst und rechnet mit geeigneten Größen. Im Bereich Geometrie wird nun eine kompetente Anwendung von Zeichen- und Messgeräten erreicht.

Tipps & Übungsmöglichkeiten: Jetzt könnte es schon möglich sein, dass Dein Kind einen Plan mit einfachen Bemaßungen für sein (eventuell) neues Kinderzimmer zur fünften Klasse, einen Pferdestall oder eine Holzlaterne (als Weihnachtsgeschenk) zeichnet.

2. Zahlenräume und Rechenwege

Lernziel: Dein Kind arbeitet nun im Zahlenraum bis 1 000 000. Grundaufgaben aller vier Rechenoperationen werden je nach Aufgabe schriftlich oder im Kopf sicher angewandt. Errechnete Lösungen werden durch Überschlagsrechnen geprüft und beurteilt. Durch systematisches Probieren werden Erfahrungen bei der Lösungssuche gesammelt. Viertklässler prüfen und beurteilen unterschiedliche Lösungswege und Lösungen.

Tipps & Übungsmöglichkeiten: Jetzt kann wieder voll aufs Kopfrechnen konzentriert werden. Ein kleines Rechen-Battle gegen Papa oder Mama kann eventuell gewonnen werden und wird belohnt. Verpasse jetzt nicht, jeden

Lösungsansatz im Bereich Rechnen zu analysieren und mit Deinem Kind zu diskutieren.

3. Fachgerechte Ausdrucksweise

Lernziel: Dein Kind beherrscht sicher mathematische Fachbegriffe und kann seine Denkweisen beim Lösen von Aufgaben wiedergeben und Lösungen begründen.

Tipps & Übungsmöglichkeiten: Rede mit Deinem Kind so oft wie möglich in den originalen mathematischen Begriffen, weniger in Umgangssprache. Das wird ihm stark in der weiteren Schullaufbahn helfen.

Inhaltsverzeichnis: Alle Lerntricks

Lerntricks zu den Lerntypen		
Lerntrick Nr. 1	Ein visuell ruhiger Lernplatz	15
Lerntrick Nr. 2	Stifte und Papier bereitstellen	15
Lerntrick Nr. 3	Übungshefte checken	15
Lerntrick Nr. 4	Pausen im Grünen	15
Lerntrick Nr. 5	Mithilfe suchen	17
Lerntrick Nr. 6	Diskussion starten	17
Lerntrick Nr. 7	Tür zu!	19
Lerntrick Nr. 8	Diktier-Apps nutzen	19
Lerntrick Nr. 9	Lern-CDs ausleihen	19
Lerntrick Nr. 10	Aufgaben zu Lernthemen	21
Lerntrick Nr. 11	Lernen durch Bewegung	21
Lerntrick Nr. 12	Experimentierkiste anlegen	22
Lerntricks zur Lernmotivation		
Lerntrick Nr. 13	Die langfristige Lernmotivation stärken	29
Lerntrick Nr. 14	Stärken stärken	32
Lerntrick Nr. 15	„Chop the Elephant"	38
Lerntrick Nr. 16	Positive Kommunikation motiviert	40
Lerntrick Nr. 17	Positive Kommunikation stärken	41
Lerntricks zu den Belohnungen		
Lerntrick Nr. 18	5 Punkte Plan Belohnungen	49
Lerntrick Nr. 19	Wertvolle Belohnungen	51
Lerntrick Nr. 20	Belohnungskärtchen	52
Lerntricks zur Schulstress-Vermeidung		
Lerntrick Nr. 21	5 Punkte zur Stressreduktion	59
Lerntrick Nr. 22	Warum - Fragetechnik	60
Lerntrick Nr. 23	Kuscheltier - Trick	60
Lerntrick Nr. 24	Alltag planen	61
Lerntrick Nr. 25	Schlafroutine sicherstellen	64
Lerntrick Nr. 26	Schlafkissen	64
Lerntricks zu den Lerntechniken und der Lernorganisation		
Lerntrick Nr. 27	Bildkärtchen statt Karteikarten	69
Lerntrick Nr. 28	Karteikasten selbst gestalten	71
Lerntrick Nr. 29	Selbst eine Lerngruppe gründen	69
Lerntrick Nr. 30	Nutze kindgerechte Medien	75
Lerntrick Nr. 31	Fächern Farben geben	83
Lerntrick Nr. 32	Federmäppchen - Infos	86
Lerntrick Nr. 33	Pausenbrotbox mit System	87
Lerntrick Nr. 34	Extrafach im Ranzen	87
Lerntrick Nr. 35	Hocker für die Füße	89
Lerntrick Nr. 36	2 Pinnwände	91
Lerntrick Nr. 37	Lernkiste	91

Lerntricks zu Mathe		
Lerntrick Nr. 38	Rechenraster	95
Lerntrick Nr. 39	Plus- und Minusrechnen bis 20	96
Lerntrick Nr. 40	Plusrechnen in Bewegung	98
Lerntrick Nr. 41	Verliebte Zahlen	98
Lerntrick Nr. 42	Das kleine 1x1 - Spiel	100
Lerntrick Nr. 43	Der einfache Trick zur 9er Reihe	101
Lerntrick Nr. 44	Der clevere Trick zur 9er Reihe	102
Lerntrick Nr. 45	Der magische Trick zur 9er Reihe	103
Lerntrick Nr. 46	Dividieren mit Gummibärchen	104
Lerntrick Nr. 47	Würfelspiel zum Malrechnen	104
Lerntrick Nr. 48	Grundformen Geometrie	105
Lerntrick Nr. 49	Der eigene Kaufmannsladen	106
Lerntrick Nr. 50	Lernspiel zum Jahreskalender	108
Lerntricks zu Deutsch		
Lerntrick Nr. 51	Lesen im Märchenzelt	110
Lerntrick Nr. 52	Schreiben im Alltag	111
Lerntrick Nr. 53	Postkarten schreiben	112
Lerntrick Nr. 54	Schreibschrift Plakat	112
Lerntrick Nr. 55	Schreiben üben mit Wolle	113
Lerntrick Nr. 56	Gedicht auswendig lernen	114
Lerntrick Nr. 57	Referate halten	114
Lerntrick Nr. 58	Groß- und Kleinschreibung	116
Lerntrick Nr. 59	Mit Buchstaben spielen	121
Lerntrick Nr. 60	Eselsbrücken	123

Downloadlinks

Downloadlinks für folgende Lernmaterialien:

1. Seite 10 **Test:** Lerntypen
2. Seite 31 **Plakat:** Tierpfleger
3. Seite 33-35 **Test:** Die Stärken meines Kindes
4. Seite 53 **Vorlage:** Belohnungskärtchen
5. Seite 61 **Vorlage:** Alltagsplaner
6. Seite 84-85 **Checkliste:** Schulranzen
7. Seite 100 **Aufgaben und Lösungen:** Das kleine 1 * 1
8. Seite 101 **Plakat:** Die 9er Reihe – Der einfache Trick
9. Seite 103 **Spickzettel:** Die 9er Reihe – Der magische Trick
10. Seite 112 **Plakat:** Schreibschrift
11. Seite 116-117 **Vorlage:** Spiel zur Groß- und Kleinschreibung

Alle Downloads zum Buch findest du hier:

Grundschultricks.de/downloads-buch

Quellennachweise:

*1_Universität Bielefeld/Fakultät Erziehungswissenschaften unter der Leitung von Professor Dr. Holger Ziegler "Burn-Out im Kinderzimmer: Wie gestresst sind Kinder und Jugendliche in Deutschland?" in Zusammenarbeit mit der Bepanthen-Kinderförderung.

*2_Deutsche Gesellschaft für Ernährung: „Clever trinken-Poster" https://www.dge.de/uploads/media/poster-clever-trinken-rgb.jpg

Meine Empfehlungen für die Grundschulzeit

Noch mehr Inspiration rund ums Grundschulleben? Hier gibt es neueste Erkenntnisse aus dem Grundschulbereich. Neue Lernspiele und tägliche Inspirationen, die Dich und Dein Kind durch die Grundschulzeit begleiten können.

Webseite/Blog: grundschultricks.de

YouTube-Kanal: grundschultricks

Pinterest: grundschultricks

Instagram: @grundschultricks.de

Printed in Poland
by Amazon Fulfillment
Poland Sp. z o.o., Wrocław

34310675R00087